Martin e Emily Lee
JoAn Johnstone

T'AI CHI CH'UAN PARA A SAÚDE

Tradução
Euclides Luiz Calloni

EDITORA PENSAMENTO
São Paulo

Título do original:
Ride the Tiger to the Mountain
T'ai Chi For Health

O primeiro número à esquerda indica a edição, ou reedição, desta obra. A primeira dezena à direita indica o ano em que esta edição, ou reedição foi publicada.

Edição	Ano
3-4-5-6-7-8-9-10-11-12	04-05-06-07-08-09-10

Direitos de tradução para o Brasil
adquiridos com exclusividade pela
EDITORA PENSAMENTO-CULTRIX LTDA.
Rua Dr. Mário Vicente, 368 – 04270-000 – São Paulo, SP
Fone: 6166-9000 – Fax: 6166-9008
E-mail: pensamento@cultrix.com.br
http://www.pensamento-cultrix.com.br
que se reserva a propriedade literária desta tradução.

Impresso em nossas oficinas gráficas.

Com respeito e gratidão,
dedicamos este livro a nossos mentores,
Mestre Kuo Lien-Ying e Professor Yu Pen-Shi, M.D.

SUMÁRIO

AGRADECIMENTOS

Somos gratos pelo apoio recebido de muitas pessoas que, em etapas diversas, participaram da produção deste livro. Della van Heyst estimulou-nos com sua valiosa orientação e força moral desde o momento em que, há cinco anos, ocorreu-nos a idéia de escrevê-lo. JoAn Johnstone, nossa co-autora, realizou um excelente trabalho ao registrar nossas idéias e experiências com seu inglês sonoro e preciso. Ela também contribuiu significativamente na organização do material.

Queremos ainda agradecer a toda a equipe que nos ajudou: a Miriam Miller, pela edição; a Gayle Hemenway, pelo projeto e produção; a Sylvia MacBride, por suas excelentes ilustrações; a Andrea Hendrick, pela capa e plano do livro; a Lynn Hunton, por suas fotografias; e a Herbert Weidner, por seus comentários de editoração.

Muitos amigos e colegas nos ajudaram no estudo da energia Ch'i com o Professor Yu: os Professores Willard Fee, Thomas Finger, Herbert Benson, Craig Heller e Ralph Burger. Somos especialmente gratos à nossa madrinha Ou-Yang Min, pela sua participação.

A reação de muitos de nossos alunos tem sido assaz oportuna. Esses alunos são para nós fonte de entusiasmo e inspiração, especialmente nas experiências pessoais que compartilhamos com o leitor neste livro.

Nossos filhos, Joyce e Bryce, foram prestimosos na organização e revisão das muitas versões do manuscrito, e Melinda contribuiu com idéias muito apropriadas. Nosso agradecimento vai para os Professores Chuang Yin, pela sua admirável caligrafia, e para Archie Bahm, por suas idéias esclarecedoras.

Uma fábula T'ai Chi

Um mestre de T'ai Chi chegou à aldeia para
prender um tigre.
Ao defrontar-se com o tigre, o mestre olhou
firme nos seus olhos.
Sem luta nenhuma, o animal prostrou-se ao chão.
O mestre sentou-se sobre ele e o conduziu
à montanha.

Moral: Qualquer um pode tornar-se senhor de
si mesmo voltando o olhar para o
seu próprio interior.

INTRODUÇÃO

Vivemos numa época científica, numa época de inovação tecnológica. Embora a população dos Estados Unidos esteja prolongando a duração de sua vida, isso vem ocorrendo, em parte, porque novos conhecimentos e novas técnicas na medicina, na ciência e na tecnologia propiciam a possibilidade de ampliação da vida humana. Vivemos numa época pouco comum, e também num lugar especial. Nosso país se caracteriza por conter em si uma excepcional diversidade cultural. Esses fatos são tão familiares que até esquecemos sua importância e a singularidade que marca o momento e o lugar em que vivemos.

Também as relações entre esses fatos são notáveis. Embora em muitas ocasiões e lugares a diversidade cultural tenha levado a conflitos destrutivos intermináveis, este país como um todo — e Estados como a Califórnia em particular — aumentou sua riqueza graças a uma diversidade que inclui não apenas raças e nacionalidades mas também idéias. Nas últimas décadas, até mesmo os conhecimentos científicos muito se beneficiaram desse cadinho. Um dos resultados dessa fusão e diversidade é o extravasamento do saber científico, que diariamente nos proporciona novas facilidades. Nosso país e nosso Estado lideram o mundo em diversidade cultural e em novos conhecimentos.

Esta é uma situação que devemos aproveitar ao máximo. Felizmente muitos americanos, incluindo alguns dos mais lúcidos entre nós, estão aprendendo a tirar proveito pessoal do conhecimento científico e da diversidade cultural através da busca do conhecimento *interior* — o conhecimento pessoal do mundo do corpo e da mente dentro de nós. Por meios tão recentes e técnicos como o *biofeedback,* e tão antigos e interiorizados como a ioga e o T'ai Chi, as pessoas estão encontrando maneiras de reduzir a tensão, de preservar a juventude e de aperfeiçoar a boa saúde. No decorrer da última década, um número sempre crescente de pessoas começou a vivenciar uma série de práticas oriundas da Índia, do Tibete, do Japão e da China, que as ensinam e as acostumam a olhar para dentro de si mesmas. Disciplinas que são, ensinam "práticas interiores" — meditação, ioga e artes marciais. Centros para o estudo dessas práticas existem hoje em todas as cidades importantes. Muitas delas partilham um objetivo comum — fazer com que permaneçamos jovens e nos tornemos mais saudáveis interior e exteriormente.

Historicamente, a China constitui-se no cadinho de muitos desses exercícios interiores. Já há muito tempo, os chineses combinaram experiências provenientes da Índia com suas próprias disciplinas filosóficas, médicas e de artes marciais. Exercícios de respiração, Ch'i Kung (pronuncia-se *tchi gung*) e meditações eram praticados durante séculos em mosteiros e escolas de artes marciais de fama notória. Em alguns mosteiros, os monges praticavam artes marciais. Em certas escolas de artes marciais, os alunos sentavam-se em meditação. Vai longe o tempo em que a China integrou a defesa pessoal e a filosofia numa disciplina única.

Gravuras rupestres encontradas na China e datadas de 3 000 anos ilustram o processo dos exercícios de cura. Esses exercícios, geralmente feitos mantendo-se o corpo imóvel, insistiam na atenção da pessoa na respiração, tendo esta a função de enviar a energia através do corpo todo. Eles evoluíram para o sistema Ch'i Kung, que faz uso da respiração tanto para controlar a quantidade de *ch'i,* isto é, de energia, que flui através do corpo, quanto para manter desobstruído o fluxo em si. Nas artes marciais, que tomaram forma depois do desenvolvimento desses exercícios de cura, desenvolveu-se um ramo denominado "artes marciais interiores". Esta modalidade integra exercícios de Ch'i Kung com movimentos das artes marciais com o objetivo de desenvolver o poder da energia *ch'i* para a autodefesa. O T'ai Chi (pronuncia-se *tai tchi*), como uma das artes marciais interiores, reúne em si o Ch'i Kung, a meditação e os movimentos físicos.

Neste livro, decidimos concentrar-nos nos aspectos do T'ai Chi relacionados com o Ch'i Kung e com a meditação — nos aspectos de autocura mais do que nos de autodefesa. Realizando os exercícios, você relaxa o corpo, mantém o fluxo de *ch'i* e libera seus pensamentos. Os benefícios devem aparecer rapidamente: superação da tensão, mais energia e imunidade a doenças psicossomáticas.

Por ter crescido na China, tive o privilégio de estar exposto a esta grande herança e ser por ela influenciado. Vindo para os Estados Unidos, estudei engenharia e física e trabalhei na área de controle automatizado de processo e otimização de sistemas. Por mais de trinta anos desenvolvi minhas atividades nos campos da ciência e da engenharia. Por mais de vinte anos estudei e pratiquei as artes marciais, Ch'i Kung, meditação, tornando-me mestre e professor de T'ai Chi. Eu mesmo me tornei um cadinho de conhecimento científico e de tradições culturais diversas. Agora posso combinar meus métodos científicos com tradições antigas para praticar e ensinar o T'ai Chi e também para compreender como e por que ele funciona. Através deste livro, desejo partilhar com você minha vivência prática de T'ai Chi e de Ch'i Kung.

O ponto central da minha experiência com T'ai Chi e Ch'i Kung é a juventude: a prática desses exercícios internos proporcionou-me o conhecimento de como permanecer jovem. Meus estudos me trouxeram saúde, paz e saber. Mas a dádiva que mais me surpreendeu — aquela que parece um milagre diário — é a vitalidade jovem do corpo e da mente, que parece nunca diminuir. A juventude foi a primeira qualidade que me levou a me aproximar de meus instrutores, que estavam longe de ser jovens. Agora eu a encontro em mim mesmo e, por meio deste livro, espero compartilhá-la com você.

Posso considerar-me feliz por ter estudado T'ai Chi, Ch'i Kung e meditação com dois grandes mestres da China. Por mais de dez anos estudei T'ai Chi em San Francisco com o Mestre Kuo Lien-Ying, o quarto grande mestre de T'ai Chi do sistema Yang, descendente do filho mais velho de Yang. (O segundo grande mestre, Yang Pan-Hou, era instrutor de T'ai Chi do imperador nos derradeiros anos da dinastia Ch'ing, terminada em 1912.) Por mais de dois anos tive, como instrutor residente de Ch'i Kung, o professor Yu Pen-Shi, M.D., um distinto mestre do sistema de artes marciais Hsing Yi e professor de budismo tibetano. Minha esposa, Emily, e eu fomos treinados intensivamente em Ch'i Kung pelo professor Yu. Na tradição das artes marciais chinesas, é uma grande honra ser aceito como discípulo ou afilhado — no meu caso, como discípulo de Mestre Kuo e afilhado do professor Yu. Por mais de seis anos estudei Ch'i Kung, ou exercícios de cura, com minha madrinha Ou-Yang Min, que, com a idade de oitenta anos, foi escolhida como a melhor professora de artes marciais de 1987 pela *Inside Kung Fu,* uma revista de artes marciais. Emily e eu somos fundadores do Centro Cultural T'ai Chi, uma organização para estudo e pesquisa do T'ai Chi para a cura, saúde, harmonia e felicidade. Há quinze anos estamos ensinando T'ai Chi em conjunção com o Ch'i Kung.

Ao escrever este livro, dei-me conta de que o trabalho técnico e não-técnico que realizo é o mesmo. Meu trabalho técnico é encontrar um meio para otimizar o desempenho de um acelerador, um aparelho para movimentar partículas carregadas (elétrons) a altas velocidades. Meu trabalho não-técnico é descobrir um meio de otimizar o meu próprio desempenho. O método é o mesmo em ambos os casos. A única diferença está na aplicação do método: num caso, a aplicação é externa; no outro, é interna.

Eu gostaria de explicar por que faço esta comparação com o meu mundo técnico. Como engenheiro, sempre acreditei que o bom funcionamento de um acelerador depende do modo como ele é controlado. Há uns quinze anos, na Universidade de Stanford, como físico, introduzi o conceito de sistema de controle com base no modelo, com a finalidade de aperfeiçoar o funcionamento dos aceleradores. Esse método de controle com base no modelo é conhecido como método *top down*, para diferenciá-lo do método convencional *bottom up*. Num sistema de controle *top down*, o desempenho de um acelerador depende do modelo. Quanto mais inteligência colocamos no modelo, com mais perfeição o acelerador executa sua tarefa. Para tornar o modelo mais inteligente, apliquei as técnicas mais sofisticadas do campo da inteligência artificial utilizadas no intuito de encontrar meios para aperfeiçoar o modelo. (Esse processo cria o que se chama de "sistema inteligente".) Devido ao sucesso que obtivemos no Centro de Aceleração Linear de Stanford (SLAC), todos os aceleradores modernos em todo o mundo são controlados por essa técnica.

A ligação entre o desempenho de um acelerador e seu sistema de controle revelou-me uma relação semelhante entre o bem-estar pessoal e o autocontrole. Minha experiência sugeriu que o mesmo método *top down* que faz um acelerador operar com eficiência pode ser adotado para aperfeiçoar o autocontrole. O que apresento neste livro é um sistema de controle com base na mente para aperfeiçoamento do autocontrole.

Para o físico, a natureza é uniforme e complexa. Os mesmos materiais e as mesmas forças devem ser observadas na operação de um acelerador de partículas e nos processos vitais dos seres humanos. Depois de perceber essa analogia entre o modelo que controla um acelerador e as práticas interiores que controlam a mente humana, não me surpreendi diante do fato de que algumas das disciplinas físicas mais antigas do mundo — T'ai Chi Ch'uan, Ch'i Kung e meditação — têm relação com os mesmos princípios que podem produzir uma inovação na arte do controle de aceleradores.

Num sistema de controle *top down* para seres humanos, o bem-estar começa com a mente. Quanto mais inteligente for a mente, maior será o potencial para o bem-estar. Para tornar minha mente mais inteligente, exercitei as sofisticadas técnicas de meditação e das artes marciais — principalmente o T'ai Chi Ch'uan — utilizadas com a finalidade de encontrar maneiras de aperfeiçoar a minha própria mente. Depois de praticar T'ai Chi por vinte anos, sinto-me jovem como nunca, física e mentalmente. Devido à minha experiência e êxito pessoal, tenho condições de ensinar e de demonstrar a muitos alunos essas práticas internas sofisticadas. Emily e eu descobrimos que todos os nossos alunos estão obtendo resultados semelhantes com vários graus de sucesso. Algumas de suas histórias e comentários estão incluídos mais adiante para ilustrar o poder do T'ai Chi.

Muitos de nossos estudantes sofriam de asma, de artrite, de dores de cabeça, de dores lombares e de pressão alta. Seu sucesso em curar essas doenças ou mantê-las sob controle está entre os efeitos mais extraordinários do seu aprendizado. Minha própria recuperação total de alergias e asma, de que padeci por quinze anos antes de praticar o T'ai Chi Ch'uan, é uma história de êxito pessoal. Meus alunos conseguiram recuperações tão notáveis quanto a minha: um desses alunos é uma senhora de setenta anos que sofria de artrite nos dedos, nos quadris e nos ombros havia mais de vinte anos. Hoje ela pode jogar golfe e ensinar sapateado. Recentemente, ela se submeteu a uma operação plástica para "fazer o seu rosto corresponder ao seu corpo". Neste livro, é meu desejo tornar mais compreensível o modo como esse processo de cura acontece e apresentar as técnicas de Ch'i Kung que promovem essa cura através da prática do T'ai Chi Ch'uan.

O T'ai Chi Ch'uan é uma arte marcial interior: interior porque se baseia no trabalho realizado no íntimo do sistema de cada um, dentro da mente e do corpo. Dentro da mente, ele opera no controle de nossos pensamentos. Dentro do corpo, no controle de nossa energia, ou *ch'i*. Visto que o T'ai Chi é também um método *top down* que liga a mente (topo) ao corpo (base), por isso mesmo ele age simultaneamente sobre a mente, sobre o corpo, sobre os pensamentos e sobre o *ch'i*. Esta combinação faz do T'ai Chi o modo mais efetivo de obter autocontrole. O êxito maior ou menor de cada aluno depende do empenho posto a serviço da prática do T'ai Chi segundo as técnicas descritas na parte prática deste livro.

É impossível aprender T'ai Chi simplesmente lendo o livro. Essa aprendizagem é interior, e a condição para aprender é praticar os exercícios. Ler e praticar andam de mãos dadas. Ler o material também ajuda a prática. Em pouco tempo, à medida que exercita os movimentos, você aprenderá como pensar e o que sentir.

O aprendizado do T'ai Chi é um processo lento. Nossos alunos precisam de três meses para aprender os doze movimentos aqui descritos. Tenha calma. Não se precipite. Aprenda um novo movimento e pratique-o por uma semana antes de dedicar-se ao seguinte. Lembre-se sempre de usar a mente, e não apenas o corpo.

Eu gostaria de consignar aqui o meu tributo aos meus instrutores. Mestre Kuo estava com setenta e o professor Yu com oitenta anos quando Emily e eu estudamos com eles. (Mestre Kuo começou a aprender com seu instrutor quando este tinha mais de cem anos de idade.) Eles não tinham idade. Eram mais jovens e mais inteligentes do que eu. Eram símbolos vivos de como podemos ser jovens em qualquer idade. Com mais vinte anos de prática, espero ser tão jovem quanto eles.

Martin Lee
Los Altos, Califórnia
Agosto, 1988

Mestre Kuo Lien-Ying

Professor Yu Pen-Shi, M.D.

Martin Lee

T'ai Chi

O T'AI CHI CH'UAN VISTO SOB NOVA PERSPECTIVA

1

O QUE É T'AI CHI CH'UAN?

Rememore um momento em que você se sentiu à vontade — tranqüilo, em paz, pleno de uma sensação de bem-estar. Todos conhecemos momentos assim, ocasiões em que estamos felizes, radiantes de saúde e alegres, com uma sensação de força interior duradoura. Para a maioria das pessoas, entretanto, tais oportunidades de plenitude e serenidade, de calma e confiança acontecem muito raramente, como casualidades auspiciosas de um dia especial. Todos podemos lembrar que sentíamos essa sensação espontânea de bem-estar com mais freqüência quando éramos jovens.

Que tal se alguém lhe ensinasse a criar sensações assim todos os dias e a prolongá-las e intensificá-las? Que tal se você pudesse recapturar, todos os dias, aquela sensação de mover-se com fluidez, sem esforço, à vontade, com mente e corpo trabalhando como uma só unidade? Que tal se você pudesse imprimir uma condição de bem-estar a cada um dos seus dias, um anteparo contra o aborrecimento e a tensão? Que tal se essa sensação de bem-estar chegasse a você sem qualquer despesa e trouxesse com ela outros bons resultados — você não teria a impressão de estar recebendo um maravilhoso presente? É isso o que você obterá com o aprendizado do T'ai Chi Ch'uan.

O T'AI CHI LHE DÁ MAIS DO QUE VOCÊ ESPERA

Nos quase vinte anos durante os quais ensinamos T'ai Chi, percebemos o quanto ele apanha de surpresa a grande maioria dos alunos. Depois das primeiras poucas semanas de estudo, os alunos experimentam uma nova sensação de relaxamento, de poder de concentração e de fluxo de energia. Em nossas turmas, a idade dos participantes situa-se geralmente na faixa dos sessenta anos ou mais, e, apesar disso, todos recebem os mesmos benefícios. Deixemos que eles falem por si mesmos.[1]

Um editor de livros técnicos:

Tenho muito mais energia desde que aprendi T'ai Chi. As pessoas sempre ficam muito espantadas ao saber minha idade. Aos 40, estou mais ativo e cheio de vigor do que nunca. Continuamente assumo novas responsabilidades e percebo que isso se torna cada vez mais fácil, e não o contrário, como seria de esperar. Tenho grande confiança e concentração, e sinto-me mais forte do que nunca.

Uma professora:

Eu esperava obter mais autoconfiança porque o T'ai Chi é uma arte marcial, mas nunca esperaria que o T'ai Chi melhorasse a minha concentração. Às vezes minha capacidade de me concentrar é tão intensa que chega a me assustar. Penso duas vezes antes de ler alguma coisa, pois sei que mergulharei fundo nela. Penso: "Eu realmente quero conhecer tudo isso?"

Um pianista:

Sempre pensei que se deveria tensionar os músculos para expressar energia e vigor. Agora compreendo que se pode fazer um movimento cheio de energia e vigor num estado de completa descontração.

Um especialista em computação:

O T'ai Chi infunde grande paz interior e equilíbrio em tudo o que faço, quer seja algo grande ou pequeno. Ele permeia a minha existência — sem que eu me esforce para isso. Possibilitou-me integrar todos os aspectos de minha vida e chegar a um nível de desprendimento que minimiza os efeitos de situações que de outro modo seriam estafantes. Minhas habilidades físicas e mentais se desenvolveram rapidamente. Como núcleo de um modo de vida, ele reforça uma atitude positiva, uma dieta moderada, um ambiente saudável e laços pessoais estreitos; o T'ai Chi tornou-se para mim uma fonte de contínuo rejuvenescimento.

Um professor:

Quando faço T'ai Chi, sinto que começo o dia com uma vantagem.

Tais são os sentimentos — a força interior — que a prática diária do T'ai Chi cria. Comecei a estudar T'ai Chi com seriedade quando entrei na casa dos trinta anos. Meu motivo era simples: minha saúde era fraca. Eu tinha a expectativa de que os exercícios ajudariam a curar o meu corpo e a recuperar minhas forças. Para encorajar-me no que seria um projeto difícil, minha esposa Emily juntou-se a mim. Graças ao T'ai Chi, recuperei não somente minhas energias mas ainda minha saúde plena, felicidade e uma sensação de bem-estar que desconhecia há muitos anos. Aprendemos uma série de exercícios, um por vez; a realização diária desses exercícios transformou e renovou nossas vidas. Assim, quando começamos a ensinar T'ai Chi, nosso motivo era a gratidão para com o nosso instrutor, Mestre Kuo, que havia posto essa preciosa dádiva em nossas mãos.

UM CONJUNTO DE MOVIMENTOS LENTOS

O T'ai Chi Ch'uan (pronuncia-se *tai tchi tchuan*) é um conjunto de movimentos naturais lentos, contínuos, uniformemente ritmados e cuidadosamente padronizados. Esses movimentos baseiam-se no princípio da transferência de peso, mantendo ao mesmo tempo o corpo estável e ereto; além disso, eles são interligados por uma respiração regular, suave. Caracteriza-se também pela circularidade e liberação de tensões. Cada movimento tem início na mente e é dirigido por uma intenção mental consciente.

No T'ai Chi, a mente exerce dupla função. Ela é a fonte da *intenção,* dirigindo e controlando o movimento, e da *atenção,* regulando os efeitos do movimento. A pessoa que observa uma apresentação de T'ai Chi vê apenas a lentidão e a beleza dos movimentos. A pessoa que faz T'ai Chi está totalmente concentrada em dirigir um fluxo de energia e em desfrutar uma experiência de percepção atenta.

UM ENFOQUE ESPECIAL DO T'AI CHI

Muitas pessoas consideram o T'ai Chi uma arte marcial, e estão certas: ele é uma vigorosa arte marcial. Mas é ainda mais do que isso. É

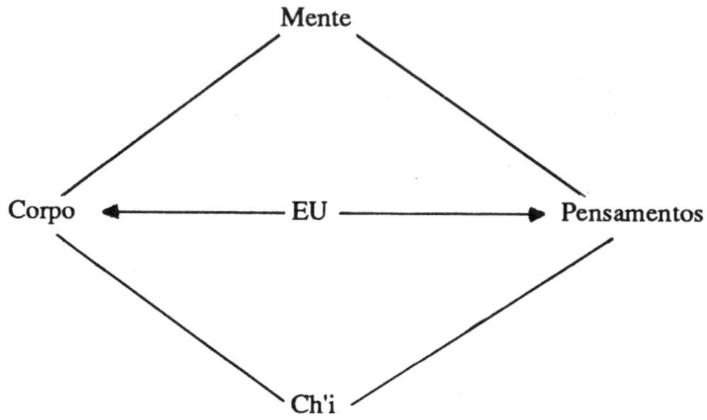

Figura 1-1
Esta figura mostra esquematicamente como o T'ai Chi desenvolve o autocontrole. Os movimentos do T'ai Chi começam como uma intenção na mente; são dirigidos pelos pensamentos. A energia do corpo, ou *ch'i*, responde às intenções mentais. O corpo também segue as instruções mentais. Pela prática do controle desses componentes de ação, o eu reforça seu poder sobre a mente e o corpo. A esse reforço chamamos de autocontrole.

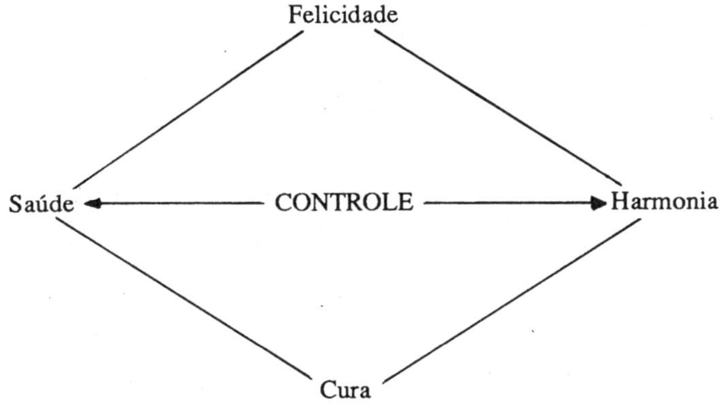

Figura 1-2
Esta figura mostra como um aperfeiçoamento do autocontrole pode melhorar toda a nossa vida. O eu que buscamos através do T'ai Chi tem o poder de curar suas lesões e, assim, chegar à saúde. Ele possui uma felicidade interior serena e vive em harmonia com os demais. Cada um desses poderes — para a cura, a saúde, a felicidade e a harmonia — depende dos demais. Por exemplo, quanto mais felizes nos sentimos, melhor nos relacionamos com as outras pessoas; quanto mais harmoniosa for nossa vida social, menos tensão sentiremos, melhor será a nossa saúde e maior o nosso poder de recuperação (cura). O autocontrole está no centro de um sistema sinérgico.

também uma arte da mente e uma arte que favorece a saúde. Por esse motivo, nosso enfoque relativamente ao T'ai Chi não passa pelas artes marciais, mas por aqueles aspectos fundamentais que lhe conferem a sua força. Nosso objetivo é apresentar aos alunos a essência do T'ai Chi.

Em sua essência, o T'ai Chi tem uma íntima relação com outra arte, ainda mais antiga, a arte curativa do Ch'i Kung. É através do Ch'i Kung que abordamos o T'ai Chi. Cada arte tem sua força especial. O Ch'i Kung é a prática do controle do fluxo de energia — *ch'i* — no interior do corpo por meio da respiração e da intenção mental. A maioria dos exercícios de Ch'i Kung são imóveis, embora alguns façam uso de movimentos rotativos circulares para estimular o fluxo de energia. Esses exercícios dão ênfase ao relaxamento e à respiração regular. Abordar o T'ai Chi através do Ch'i Kung permite que os alunos experimentem a natureza essencial do T'ai Chi mais plena e rapidamente do que por outros métodos.

Essas duas artes se complementam uma à outra. Dito de maneira simples, tanto o T'ai Chi quanto o Ch'i Kung realizam quatro coisas básicas: reforçam o elo entre a mente e o corpo, aperfeiçoam o autocontrole (em todos os sentidos, desde o controle sobre o movimento físico até o exercício sobre as emoções), relaxam e acalmam a mente e o corpo e promovem a cura e o rejuvenescimento.

Abordamos o T'ai Chi como uma arte que promove a plenitude do eu por intermédio do autocontrole. Dado o fato de que os movimentos do T'ai Chi começam com uma intenção mental e são dirigidos pelo pensamento, o T'ai Chi aperfeiçoa o autocontrole unindo mente e corpo. Esta união é firme e íntima porque o fluxo de energia no corpo (*ch'i*) é sensível à direção mental. Com a prática podemos, com o nosso controle, harmonizar a mente, os pensamentos, o *ch'i* e o corpo. (Veja Figura 1.1)

SOBRE ESTE LIVRO

Seguindo as orientações deste livro, o aluno deveria ser capaz de aprender T'ai Chi num período de três a seis meses com uma prática diária de dez a vinte minutos. Entre três e quatro meses, você se familiariza com doze movimentos de T'ai Chi e seis exercícios de cura de Ch'i Kung. Dentro desse período, com prática diária, você deve começar a sentir os benefícios mais importantes do T'ai Chi. (Veja Figura 1-2.)

Em nosso curso, os alunos obtêm os melhores resultados nas primeiras semanas, período em que aprendem esses doze movimentos, os primeiros de uma série completa de sessenta e quatro. É com esses movimentos fundamentais que introduzimos os estudantes no T'ai Chi.

O manual ilustrativo o guiará passo a passo através dos movimentos e exercícios. Por meio deste manual, você perceberá como o T'ai Chi é realmente acessível; ele não necessita de nenhum equipamento, não causa dores nos músculos, requer muito pouco tempo. Você também verá que o T'ai Chi é prático. Você pode utilizá-lo para muitos objetivos: para relaxar e tornar-se mais calmo, para desenvolver melhor coordenação para o tênis ou pernas mais fortes para o esqui, para obter confiança, para manter-se flexível e mesmo envelhecer sem se sentir velho. Você não deve se surpreender se chegar a encontrar mais do que efetivamente procura.

NATUREZA, ENERGIA E T'AI CHI

2

A natureza é grandiosa porque é simples.
Lao Tsé, *Tao Té King*[1]

Eu canto o corpo elétrico!
Walt Whitman

A alma não é mais que o corpo,
E o corpo
não é mais que a alma;
Não há nada tão flexível, e no entanto ele é o
cubo circular do universo
Walt Whitman, *Song of Myself*

A Natureza e suas leis estavam ocultas na noite:
Deus disse "Que Newton seja!" e tudo tornou-se luz.
Alexander Pope

Quando declarou que uma força atrai uma maçã para a terra e os planetas para o sol, Newton revelou a seus contemporâneos os segredos mais profundos da natureza. Gênio matemático, ele estabeleceu as leis do movimento, considerando o universo uma máquina, algo semelhante a um relógio bem-projetado.

Como essas leis pareciam provar que o universo funciona como uma máquina, a partir daí firmou-se uma visão semelhante dos seres humanos. Anos antes da descoberta de Newton, Descartes havia descrito o ser humano como um espírito vivo num corpo material, algo parecido a um piloto num avião. Em sua perspectiva, mente e corpo quase nada partilhavam, pois eram feitos de matéria diferente. Ao entrever uma relação entre ambos, Descartes imaginou uma espécie de interruptor no centro do cérebro, situado numa estrutura cônica denominada glândula pineal. Ele acreditava que, através desse centro, uma mente pensante animava um corpo mecânico.

No que se referia às condições humanas de doença e saúde, elas pertenciam somente ao corpo. "O meu pensamento", dizia Descartes, "compara um homem doente e um relógio malfabricado com a idéia de um homem saudável e um relógio bem-feito".[2] Os sentimentos, pensamentos e atitudes de uma pessoa não poderiam ter influência alguma sobre o corpo, assim como as idéias do relojoeiro sobre o relógio não poderiam exercer efeito algum sobre o seu funcionamento.

Hoje não acreditamos mais que o universo funciona como um relógio. Apesar disso, porém, a visão da mente e do corpo do século XVII ainda influencia o nosso modo de pensar. O cérebro é freqüentemente descrito como uma espécie de máquina — o paralelo favorito atualmente é com o computador — e a mente como uma entidade espiritual separada e a ele vinculada de algum modo. Muitos psicoterapeutas não se preocupam com as condições do corpo do paciente, e muitos médicos não perguntam aos clientes sobre seus sentimentos e pensamentos.

VISÃO ORIENTAL DA NATUREZA

Contrariamente a esse modo de ver as coisas, a compreensão oriental da natureza enfatiza mais a unidade do que a divisão entre mente e corpo. Além disso, ao descrever o funcionamento da mente e do corpo, os orientais levam mais em conta os padrões de fluxo do que os mecanismos de funcionamento.

No *The Wandering Taoist,* Deng Ming Dao narra um dos mitos chineses da criação. De acordo com esse mito, no começo existia somente pura energia de vida, ou *ch'i.* Essa energia deu origem a tudo o que existe: o dinâmico equilíbrio entre vacuidade e plenitude (*yin* e *yang*), a perfeita fusão de vacuidade e plenitude (*T'ai Chi*), os cinco elementos (água, metal, madeira, fogo e terra) e os seres humanos. O universo permanece em fluxo, oscilando entre pólos de vacuidade (*yin*) e plenitude (*yang*).

O mito descreve também como os seres humanos caíram da perfeição de seu estado original. Criados como microcosmos do universo, os seres humanos continham em si os elementos num ciclo sujeito a mudanças e num equilíbrio oscilante de *yin* e *yang*. Acima de tudo, a energia vital, ou *ch'i*, fluía livremente através deles do mesmo modo que fluía através do universo. Criados assim, os seres humanos eram dotados de poderes prodigiosos. Tinham grande vigor, podiam voar e estavam em condições de compreender a si mesmos e ao universo.

Mas a raça humana fez mau uso de seus poderes. Como conseqüência, os deuses decidiram abater sua arrogância limitando o fluxo de energia em cada ser humano. Para obstruir o fluxo do *ch'i*, colocaram três portões ao longo da espinha: um no cóccix, outro nas omoplatas e um terceiro na base do crânio. Desse modo, os seres humanos perderam seus poderes.[3]

O objetivo primordial do T'ai Chi passou então a ser o restabelecimento da ligação original desobstruída entre a energia vital do universo e a energia vital de cada ser humano. Paralelamente, os exercícios de T'ai Chi Ch'uan ajudaram os homens a reconstruir dentro de si mesmos o equilíbrio de T'ai Chi, um estado físico em que *yin* e *yang*, vacuidade e plenitude, se fundem perfeitamente.

SIGNIFICADO DA PALAVRA CH'I

O ideograma chinês para *ch'i* tem duas partes: a parte superior simboliza o "ar"; a inferior representa o "arroz".

A palavra *ch'i* tem mais de duzentos empregos. Por exemplo, "céu *ch'i*" é clima, "relâmpago *ch'i*" é energia elétrica, "fermentar *ch'i*" significa ficar irado e "dinheiro *ch'i*", tornar-se rico.

Na medicina e nas artes marciais, *ch'i* significa energia vital. Vista da perspectiva humana, *ch'i* é a energia presente no ar que respiramos e no alimento que ingerimos. O corpo transforma o ar e o alimento em energia e distribui essa energia a cada célula. Como a saúde do corpo depende da saúde de cada célula, a boa saúde depende de um fluxo total e contínuo de *ch'i*.

É um tanto enigmática a questão de saber se essa energia deve ser tratada como um conceito ou como um fato. Fritjof Capra, autor de *O Tao da Física,* explica o *ch'i* deste modo:

> A palavra *ch'i* significa literalmente "gás" ou "éter", e era utilizada na China antiga para denotar o sopro vital ou a energia que anima o cosmo. Mas nenhum desses termos ocidentais descreve adequadamente o conceito. *Ch'i* não é uma substância, e também não possui o significado puramente quantitativo do nosso conceito científico de energia. Ela é usada na medicina chinesa de uma maneira muito sutil, para descrever os vários padrões de fluxo e flutuação do organismo humano, bem como os contínuos intercâmbios entre o organismo e o meio ambiente. *Ch'i* não se refere ao fluxo de qualquer substância em particular; parece antes representar o princípio do fluxo em si, o qual, na visão chinesa, é sempre cíclico.[4]

Por outro lado, David Eisenberg, aluno de medicina da Universidade de Harvard e do Instituto de Medicina Chinesa Tradicional em Beijing, ouviu de um decano da faculdade a afirmação tácita de que *ch'i* é um fato:

> Você é o primeiro aluno americano de intercâmbio cultural da área médica a estudar medicina tradicional na República Popular da China. Se quer atingir seu objetivo, deve se convencer da existência do Ch'i. Sem o Ch'i não há medicina chinesa. Sem uma compreensão do Ch'i, a medicina ocidental, com todo o seu desenvolvimento científico, permanecerá ignorante da única grande dádiva da medicina chinesa. Ch'i é real, e, enquanto estiver na China, você deve envidar todos os esforços para estudá-lo — para convencer-se da sua importância.[5]

Outro professor de Eisenberg, o de anatomia, explicou que Ch'i ("aquilo que diferencia a vida da morte, o animado do inanimado")[6] é herdada dos pais em quantidade limitada. Aumentado e acumulado pelo Ch'i extraído do alimento e do ar, ele percorre o corpo todo através de canais específicos e permeia todos os órgãos.

A saúde começa a se deteriorar quando o fluxo do *ch'i* se torna estagnado ou desequilibrado. O objetivo da medicina tradicional é regular o fluxo do *ch'i* pela acupuntura, pela acupressura (massagem centrada em pontos sensíveis à pressão) e pelos remédios à base de ervas. De acordo com os ensinamentos recebidos por Eisenberg, esses meios restauram o equilíbrio do corpo:

> Toda patologia humana pode ser vista em termos de equilíbrios e desequilíbrios. Um estado de equilíbrio corresponde à saúde. Qualquer excesso ou deficiência corresponde à doença. Quando se encontra interna e externamente num estado de equilíbrio, o corpo possui uma "vitalidade positiva", uma forma de Ch'i que protege o corpo e o defende de "fatores patogênicos".[7]

Em termos ocidentais, um fluxo equilibrado de *ch'i* aumenta a capacidade do sistema imunológico do corpo para resistir à doença.

No hospital Xiyuan, em Beijing, os pesquisadores estudam atualmente Ch'i Kung, e os médicos que adotam essa prática tratam seus pacientes com técnicas do Ch'i Kung. Nesses casos, o médico trabalha diretamente com o *ch'i* do paciente utilizando o seu próprio *ch'i* como um acupunturista usa uma agulha. Um dos praticantes desta modalidade, o Dr. Yang Bao-Tang, explicou a um repórter do *New York Times* em 1986: "Pelo Ch'i Kung, uma força vigorosa, o meu *ch'i* projeta-se da minha mão e o paciente o sente em seu corpo. O *ch'i* emana do meu corpo e produz um efeito físico no paciente."[8]

O repórter acompanhou o Dr. Yang numa visita médica a uma mulher paralítica. Ele movia as mãos ritmicamente no ar, as palmas voltadas para a paciente, até que esta reagisse, seus braços e corpo imitando os movimentos do médico. Com o apoio do Dr. Yang, a mulher levantou as mãos acima da cabeça e movimentou seu corpo de um lado para outro. Durante aproximadamente meia hora, ele exercitou os músculos da mulher desse modo.

A paciente explicou que sentia o *ch'i* como "uma espécie de força que tenta levantar meus braços. Às vezes ela é um pouco quente. Sinto alguma coisa em meus braços. Posso movê-los. Posso sentir alguma coisa em meu corpo". O pai da paciente, um cientista, disse que acreditava que o tratamento havia ajudado a recuperar sua filha, mas não podia compreender como ou por que, segundo os parâmetros da estrutura da pesquisa científica que estava acostumado a empregar. "Não sei do que se trata", disse ele. "Se fosse forçado a explicar o fato, suponho que diria que pode ser um fenômeno eletromagnético. Mas, na verdade, não sei." Essa teoria apóia-se no fato de que os pontos de pressão da acupuntura, pontos em que o *ch'i* é mais facilmente estimulado e controlado, "têm resistência e termossensibilidade elétrica distintas, diferentemente de outras áreas da superfície do corpo".[9]

APOIO À TEORIA DA ELETRICIDADE

As extraordinárias habilidades de Li Qing-Hong também dão suporte à teoria de que o Ch'i Kung é uma manipulação do sistema elétrico do corpo. Li Qing-Hong, que está com 35 anos, começou a praticar Ch'i Kung com a idade de 15; ele trata os pacientes projetando o *ch'i* e transmitindo-lhes uma corrente elétrica. Como o Dr. Yang, Li pode exercitar pacientes paralíticos movendo seus braços e pernas com a força de sua própria energia. Um repórter que observava uma das sessões de Li viu como um paciente, homem de 58 anos parcialmente paralisado por uma pancada, movia seus braços e pernas refletindo os movimentos de Li, que permanecia atrás dele. Mas Li tem ainda outra destreza, descoberta por acaso quando percebeu que podia alterar o volume do seu rádio transístor à vontade, sem tocar nele.

Li então começou a praticar o controle da eletricidade. Hoje ele trata pacientes no Hospital Railway Ministry, nos arredores do lado oeste de Beijing, tocando-os com fios elétricos (220 volts) que segura em suas mãos. Tocando a palma da mão do repórter com um fio, ele disse: "Você seria eletrocutado se tentasse tocar nesses fios por conta própria. Eu estou controlando a corrente,"[10] O polegar do repórter repuxou, e a corrente dava uma sensação de "calor, de cócegas". Li então demonstrou a força da corrente que fluía através de suas mãos cravando "um pedaço de peixe congelado com dois espetinhos de cobre, cada um conectado a um cabo ligado a uma tomada". Nada aconteceu. Li então pegou um espeto em cada mão e, segundo o repórter, "uma fumaça começa a desprender-se do peixe, que passa a chiar e crepitar". Li disse que a corrente estava passando pela sua mão e assando o peixe. Em seguida, pediu ao repórter que sentisse a ponta dos seus dedos. Estavam frias.

As afirmações de que a corrente elétrica tem poderes curativos são geralmente vistas com ceticismo pelos médicos. Apesar disso, um pesquisador da Universidade Southern California descobriu "um modo não-cirúrgico muito promissor de tratar úlceras hemorrágicas pela coagulação do sangue com corrente elétrica".[11]

UM MESTRE DE HSING YI E DE CH'I KUNG

Nosso instrutor, o Dr. Yu Pen-Shi, era mestre de artes marciais Hsing Yi e também um renomado mestre de Ch'i Kung. O Dr. Yu, que havia estudado num colégio sino-germânico em Hankow, Hupeh, tinha por esse fato treinamento ocidental. Por um golpe da sorte, ele se formou em medicina na Alemanha. Quando estudava medicina em Shangai, algumas pessoas do navio da Hamburg-American foram ao hospital da escola em busca de um médico que falasse a língua alemã para que este substituísse o titular do navio. O jovem Yu zarpou com o navio e, depois de chegar à Alemanha, a companhia patrocinou seus estudos em Heidelberg, onde se formou em ginecologia e dermatologia. Retornando a Shangai em 1927, tornou-se professor nas Faculdades de Medicina Tung Teh e Southeast. De 1949 até sua aposentadoria, em 1966, ele foi chefe do Departamento de Dermatologia no Primeiro Hospital Popular de Shangai, sendo reconhecido como um dos mais eminentes dermatologistas da China.

Depois de seu retorno da Alemanha, o Dr. Yu começou a estudar boxe Shiao-Lin, uma arte marcial violenta e agressiva que deu origem ao caratê e ao Hsing Yi, uma arte marcial interior mais parecida com o T'ai Chi, na qual o uso inteligente da força da energia vence a força bruta.[12] (Hsing Yi deriva de *hsing,* "forma física", e *yi,* "intenção mental".) Alguns historiadores acreditam que o Hsing Yi remonte à época da Dinastia Sung (1127-1379).

O professor de Hsing Yi de Yu foi Wang Xiang-Zhai, que treinava seus alunos nos exercícios de cura do Ch'i Kung e que foi o primeiro grande mestre a fazer isso em público. Wang sucedeu a Kuo Yuen-Shin (que não tem nenhuma relação com meu Mestre Kuo), um contemporâneo de Yang Pan-Hou na virada do século e grande mestre de igual notoriedade, de quem se disse que "com uma mão podia abrir caminho através de toda a China". Entre suas habilidades, Kuo possuía a de projetar o *ch'i.* O Dr. Yu esperava aprender essa habilidade com Wang.

Assim, o Dr. Yu estudou Ch'i Kung com Wang por cinco anos, dando-lhe presentes, uma casa para morar e criados para ajudá-lo em seus afazeres. Infelizmente, Wang não sabia projetar o *ch'i.* Em certa ocasião, Kuo havia prometido ensinar essa aptidão a Wang, mas o velho mestre morrera sem repassar seu conhecimento. Apesar disso, a técnica do Dr. Yu em Hsing Yi aperfeiçoou-se tanto que ele sucedeu a seu instrutor como grande mestre desse sistema de artes marciais. Continuou também a trabalhar com todo o entusiasmo para desenvolver a capacidade de projetar o *ch'i.* Com a ajuda de um mestre de T'ai Chi, ele se deu conta de que finalmente podia fazer isso. Combinando essa rara habilidade com sua técnica em Hsing Yi, ele ficou famoso como um mestre de artes marciais que podia repelir seus oponentes sem tocá-los — simplesmente projetando o seu *ch'i.*

Nosso instrutor de T'ai Chi em San Francisco, Mestre Kuo Lien-Ying, como o Dr. Yu, havia estudado Hsing Yi com Wang Xiang-Zhai. Assim, ele ouviu falar da invulgar perícia do Dr. Yu. Fascinado pelo fenômeno da projeção do *ch'i,* tomei a firme decisão de trazer o Dr. Yu para os Estados Unidos mediante um programa universitário para visitantes de notório saber.

Localizar o Dr. Yu, entretanto, não foi fácil, porque na época a China estava envolta no torvelinho da Revolução Cultural, que desequilibrou a normalidade da vida e, entre outras coisas, desativou todas as escolas de medicina entre 1966 e 1971. Durante a Revolução, um homem como o Dr. Yu estava duplamente em perigo, como médico treinado no Ocidente e como praticante de artes tradicionais como o Hsing Yi e o Ch'i Kung. De fato, como soube mais tarde, o Dr. Yu passou dois anos da Revolução Cultural confinado num quarto, embora não fosse formalmente prisioneiro.

Por fim, com a ajuda de um professor da Escola de Medicina de Stanford (e também com o apoio do Dr. Herbert Benson, da Escola Médica de Harvard), consegui trazer o Dr. Yu a Palo Alto em 1980. Como especialista visitante, ele tomaria parte em estudos do *ch'i.* Esses estudos, em Stanford e na Universidade da Califórnia em Santa Cruz, mostraram que o Dr. Yu, à semelhança de muitos que por longo tempo praticam a meditação, possuía a capacidade de reduzir os batimentos cardíacos e os níveis respiratórios e de alterar o padrão das ondas alfa do seu cérebro. Era também dotado de uma habilidade que os pesquisadores consideram incomum, qual seja, a de minimizar o movimento de seus olhos a um grau imperceptível durante a meditação.

Embora medissem o efeito de *ch'i,* os estudos com o Dr. Yu não conseguiram medir o *ch'i* em si. Alguns experimentos, porém, trouxeram à luz alguns fatos de interesse em relação ao fenômeno da projeção do *ch'i.*[13] Como os pacientes paralíticos acima descritos, sujeitos separados do Dr. Yu por um vidro simples moviam-se em resposta ao *ch'i.* Por outro lado, uma barreira de cobre parecia reduzir a transmissão do *ch'i.* Um fator de complicação, entretanto, era este: o treinamento do sujeito era também um fator de recepção. Essa descoberta não era de todo surpreendente. Na acupuntura, o médico deve "pegar" o *ch'i* do paciente girando uma agulha, e o paciente deve cooperar dizendo ao médico quando este pegou o *ch'i.* De modo semelhante, nesses experimentos, a transmissão era mais forte se o receptor já havia aprendido a ser sensível ao fluxo do *ch'i.*

UMA EXPERIÊNCIA PESSOAL DA PROJEÇÃO DO CH'I

No tempo em que o Dr. Yu era professor visitante, Emily e eu praticamos diariamente com ele meditação, exercícios de artes marciais e Ch'i Kung. Ele e sua esposa ficaram em nossa casa como nossos convidados. Soubemos que ele de fato podia projetar o seu *ch'i* e também, como expressão de sua intenção mental, controlar sua intensidade. Depois de praticar durante aproximadamente um ano, podíamos sentir a energia projetada em vários graus, variando desde uma força repulsora suave até uma intensa, como o choque de um fio elétrico.

Minha primeira experiência com a capacidade do Dr. Yu de projetar o *ch'i* foi inesquecível. Estávamos realizando um experimento no estudo do *ch'i* e havíamos reunido um grupo de alunos de artes marciais, pois o Dr. Yu ensinava Ch'i Kung a muitos dos alunos de artes marciais e professores da área da baía de San Francisco. No experimento, ele colocou uma xícara de plástico no chão e eu pedi aos alunos que tentassem pegá-la enquanto o Dr. Yu projetava o seu *ch'i* na xícara.

Foi uma cena singular. Um aluno se aproximava da xícara, tentava pegá-la e de repente era repelido. Um dos mais avançados praticantes de artes marciais do grupo pôde apenas chegar a uma distância de sessenta centímetros da xícara. Chegou também a minha vez. O Dr. Yu permanecia a um metro e meio de distância de mim. Com grande determinação, caminhei em direção à xícara e tentei pegá-la com ambas as mãos. Eu tinha certeza de que poderia segurá-la. Mas, quando minhas mãos estavam a uns quinze centímetros da xícara, senti repentinamente como se estivesse segurando dois ímãs muito potentes e tentasse aproximá-los. Minhas mãos foram empurradas a partir de dentro, quase como se tivessem sido dispersadas por uma força explosiva. A força era tão forte e tão surpreendente que me tirou o equilíbrio e, como com os outros, me fez retroceder vários passos. A experiência foi espantosa para mim, porque era a primeira vez que eu sentia o *ch'i*.

Nos anos que se seguiram, o Dr. Yu praticou Ch'i Kung quase que exclusivamente com objetivos de cura. Seu poder era inestimável para os professores de artes marciais e para os alunos da área, cujos joelhos e ombros feridos ele tratava projetando o seu *ch'i* na região machucada. A habilidade de projetar o *ch'i* é rara, mas, com treinamento, muitas pessoas podem adquiri-la. Por exemplo, o Dr. Yang Bao-Tang, em Beijing, explicou sua capacidade como resultado de treinamento e prática. Ele mesmo havia sido treinado em Ch'i Kung pelo seu avô, quando ainda era criança: "Na China, essas habilidades eram sempre ensinadas secretamente. Meu avô começou a me ensinar *gigong* (Ch'i Kung) logo que deixei de ser amamentado. Desse modo, meu avô projetou o seu *ch'i* no meu corpo." É difícil controlar o *ch'i* , disse o Dr. Yang, mas a habilidade para fazê-lo não depende de mais nada senão de uma boa base e prática persistente. O Dr. Yu concordaria com isso.

PERSPECTIVA CÉTICA

Aspectos ilustrativos do Ch'i Kung podem parecer fantásticos demais para que se possa depositar fé neles. Pode-se supor que a menina paralítica sentia o efeito do *ch'i* porque acreditava que podia fazê-lo e desejava que assim fosse. Mas então deve-se também acreditar que a paralisia estava "na sua mente" e perguntar o que poderia suprir a mente com a força de criar e manter uma ilusão tão desagradável. Os céticos podem acreditar também que foi a "sugestão" que levou os alunos do Dr. Yu a se sentirem quase dolorosamente chocados quando tentaram pegar a xícara de plástico; mas então eles devem explicar a força da "sugestão" para produzir essas sensações físicas e para estender-se da mente de uma pessoa à mente das demais.

O experimento a seguir mostra em termos da ciência ocidental como algo invisível e imensurável como a energia *ch'i* pode muito bem controlar processos básicos do corpo. Nesse caso, os participantes são médicos americanos e a força imensurável é a atenção focalizada.

O experimento desenvolveu-se como segue. Antes de operar, 39 cirurgiões equiparam-se com eletrodos para monitorar as pulsações cardíacas, com pulseiras para registrar a pressão sangüínea arterial e máscaras para medir a quantidade de oxigênio que consumiam. Passaram também por vários testes físicos e mentais. Enquanto operavam, cortaram e amarraram pequenos vasos sangüíneos. Fisicamente, esse trabalho não era mais extenuante do que costurar, mas os médicos despenderam tanta energia quanto a de um soldador comum ou de um operador de broca de pressão. Quase metade do grupo demonstrou um forte aumento da pressão sangüínea e, em média, suas batidas cardíacas subiram a 118 por minuto. (A de um cirurgião saltou para 155.) Em situação normal, o coração pulsa aproximadamente 70 vezes por minuto.[14]

Sem nenhum movimento físico mais forte, o sistema cardiovascular desses médicos havia sido enormemente estimulado. Estados mentais subjetivos, como atenção concentrada e um senso da importância da tarefa, haviam carregado o sistema deles. Embora esses cirurgiões não dissessem que haviam alterado o fluxo do seu *ch'i*, algum mecanismo de equilíbrio foi profundamente alterado pela atenção concentrada que trouxeram à atividade. Mente e corpo haviam interagido como uma entidade única.

A hipnose também revela ligações íntimas entre a mente e o corpo. Um hipnoterapeuta inglês que se especializava em reações da pele estudou o funcionamento da sugestão hipnótica observando o paciente de outro hipnoterapeuta que havia suprimido as intensas reações alérgicas de uma mulher ao pólen. Em dez sessões de trinta minutos, o terapeuta a havia posto sob hipnose, listado seus sintomas costumeiros e garantido que ela ficaria livre deles.

Durante o tratamento, extratos de pólen foram aplicados no braço e na perna da mulher. Apareceram algumas estrias, mas apenas em sua perna. A reação alérgica havia sido suprimida na parte superior do seu corpo, onde os sintomas, agora inibidos pela sugestão hipnótica, apareciam naturalmente. Testes ulteriores mostraram que, enquanto ocorriam erupções químicas locais nos pontos onde o pólen havia sido colocado, os capilares dos braços não se dilatavam. "Isso faz sentido", concordaram os pesquisadores, "visto que os capilares são controlados pelo cérebro, ao passo que a resposta química não o é".[15] Aplicando a teoria do *ch'i*, a intenção da mente havia obtido o controle do fluxo do *ch'i* e o manipulara para curar a parte superior do corpo da mulher.

Todos concordamos que a mente exerce profunda influência sobre o corpo. Se nos pedissem para explicar o que havia acontecido aos médicos que tiveram a pulsação do coração aumentada, diríamos que eles sentiram grande tensão. Mas o que é a tensão? O que é que explica essa resposta a desafios de todas as espécies — mudanças na respiração, taquicardia, pressão sangüínea aumentada? Aplicando o conceito do *ch'i* à tensão, poderíamos explicá-lo deste modo: assim como um torniquete interrompe o fluxo do sangue, também os eventos físicos ou mentais bloqueiam o fluxo do *ch'i*. Quando o corpo fica tenso, ele "fecha" a circulação do *ch'i* e reduz o equilíbrio do corpo. Quando a tensão relaxa, o fluxo do *ch'i* continua, o corpo "se refrigera" e suas várias funções retornam a um estado de equilíbrio.

A teoria também explica por que a tensão é prejudicial: quando o fluxo do *ch'i* é bloqueado, algumas células do corpo não funcionam adequadamente. Passado certo tempo, essa disfunção local irá tolher o processo de auto-recuperação do corpo, processo esse que ajuda a retardar o início da doença. Embora a tensão seguida de relaxamento não ameace a saúde, a tensão residual, aquela que permanece depois que o corpo executou a tarefa física ou mental que se havia proposto realizar, pode dificultar de modo permanente a circulação do *ch'i*, criando uma tensão perigosa para a saúde.

Em 1986,[16] havia na China 26 clínicas de Ch'i Kung, onde os médicos diziam ter alcançado sucesso no tratamento de pressão alta, doenças motoras, achaques cardíacos, certas formas de paralisia e alguns distúrbios gastrointestinais, respiratórios e neurológicos. Hoje há muitas mais.

EXERCITANDO O CH'I

A visão que prevalecia no Ocidente antes de Newton e de Descartes era a de que o ser humano é um microcosmo do universo. Em conseqüência, o universo era considerado como sendo constituído de quatro elementos — terra, água, ar e fogo — e os seres humanos como formados pelos mesmos elementos sob a forma de quatro "humores". A doença era explicada como o resultado de um desequilíbrio dos humores, e os médicos administravam purgantes ou prescreviam dietas para regular o excesso ou a carência. Diferentemente da medicina ocidental, que veio a aceitar um modelo mecânico do corpo, a medicina chinesa tradicional continuou a ressaltar a harmonia e o equilíbrio.

De acordo com os princípios da medicina chinesa tradicional, para manter o equilíbrio do corpo deve-se exercitar não somente os músculos mas também o *ch'i*. O ideograma chinês para "força" combina as palavras para *ch'i* e para vigor muscular.

力
氣

O vigor muscular por si só não é força; os músculos necessitam da força interior da energia vital do corpo.

Para que tenha de fato condições adequadas para regular o fluxo do *ch'i*, o exercício deve ser da espécie correta. O fluxo pode ser regulado somente quando o movimento é combinado com o relaxamento e a direção mental consciente. Como o T'ai Chi o ensina a buscar um determinado estado mental enquanto você se movimenta, ele às vezes é chamado de "meditação em movimento". Na China, a descrição mais comum do T'ai Chi é "exercício interior". Este é um modo mais adequado de explicar o T'ai Chi. Significa simplesmente: ao praticar o T'ai Chi, utilize sua intenção para dirigir seu movimento. Os movimentos do T'ai Chi e o pensamento intenso que os acompanha exercitam o *ch'i* do corpo ativando o seu fluxo e exercitam os órgãos do corpo mantendo o fluxo do *ch'i* através deles.

Considerando isso sob outra perspectiva, você exercita o *ch'i* pelo simples fato de não bloquear o seu fluxo, *deixando-o* circular naturalmente. Os movimentos do T'ai Chi, realizados lentamente sob a direção do pensamento, são elaborados para esse propósito: eles "desenrolam a mangueira" para que o *ch'i* possa fluir livremente. Quando você praticar os movimentos, isso acontecerá naturalmente. Você apenas precisa cooperar com a natureza. Como diz o filósofo Lao Tsé, "a natureza é simples. Ela é grandiosa porque é simples".

PRINCÍPIO BÁSICO DO T'AI CHI: HARMONIA ENTRE O YIN E O YANG

3

Todas as distinções aparecem como opostos.
E os opostos nunca estão isolados.
Eles extraem seu significado um do outro.
Eles se complementam mutuamente.
Conhecemos o é *pelo* não é *e o* não é *pelo* é.
Difícil e fácil,
Comprido e curto,
Alto e baixo,
Ruidoso e silencioso,
Antes e depois -
Cada um tira seu significado do outro.

Lao Tsé, *Tao Té King*[1]

T'ai Chi, ou o Absoluto, é o criador de dois princípios iguais e opostos: o Yin e o Yang, isto é, o princípio conservador, ou que supre, e o princípio ativador, ou que despende. Sempre que há movimento, eles se separam; sempre que há imobilidade, eles se reencontram.

Wang Tsung-Yueh[2]

Para compreender como (e por que) o T'ai Chi funciona, você precisa relacionar o conceito de *ch'i,* discutido no capítulo anterior, com os conceitos de *yin* e *yang.*

Traduzido literalmente, *yin* significa "nublado" e *yang* "ensolarado". *Yin* é macio, *yang* é duro; *yin* é úmido, *yang* é seco; *yin* é vazio, *yang* é cheio. Às vezes, *yin* e *yang* são definidos como feminino e masculino, definição enganosa porque fomenta a crença de que as coisas são permanentemente rotuladas como *yin* ou como *yang.* Na verdade, a mesma coisa pode ser *yin* ou *yang,* dependendo de sua relação com outras coisas. Por exemplo, "o telhado de uma casa é *yang* (acima) com relação ao solo, mas *yin* (abaixo) com relação às estrelas".[3]

Para os filósofos chineses conhecidos como taoístas, o círculo dividido ou círculo *yin-yang* é o símbolo da natureza.

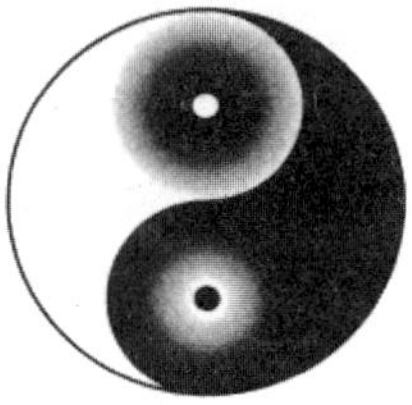

Trata-se de um símbolo descritivo, porque tudo na natureza é constituído de um elemento *yin* e de um elemento *yang.* É também um símbolo normativo, porque a saúde e plenitude de tudo no universo depende da "unicidade" da relação entre esses elementos. Quanto mais natural é a relação, mais esses elementos formam um todo e melhor é a saúde e plenitude de animais, plantas e pessoas.

O estado de equilíbrio entre os elementos *yin* e *yang* é dinâmico, em constante mudança. Nos seres humanos, essa alteração de equilíbrio de *yin* e *yang* é essencial para a saúde, porque são as modificações no relacionamento entre *yin* e *yang* que mantêm a energia do corpo ou o fluxo livre da energia *ch'i.*

Os movimentos do T'ai Chi Ch'uan exprimem a relação dinâmica entre *yin* e *yang.* Eles assentam na mudança de peso do corpo para criar a fusão contínua de estados *yin* e estados *yang.* Na maioria dos movimentos, ou uma perna ou outra suporta o peso do corpo. A perna que sustenta o peso é *yang,* ou perna "cheia", enquanto a outra é a perna "vazia", ou *yin.* A inspiração (*yin*) e a expiração (*yang*) também ilustram esses princípios. É por isso que o T'ai Chi Ch'uan insiste numa respiração suave, contínua e regular. Também as posturas do T'ai Chi contêm *yin* e *yang:* o relaxamento do corpo — o abdome e os ombros soltos — é *yin;* a firmeza das pernas é *yang.* A atitude da pessoa reflete igualmente um equilíbrio de *yin* e *yang:* a intenção, a concentração interior nos movimentos, é *yin;* a atenção, o controle da execução física precisa desses movimentos, é *yang.*

Essas oposições perceptíveis constituem uma unidade. Tudo na natureza, e cada movimento do T'ai Chi, tem um lado inflexível e um lado flexível, um aspecto oco e um aspecto maciço. Essas diferenças, *yin* e *yang,* manifestam-se quando as coisas se movimentam ou mudam; mas quando elas estão imóveis *yin* e *yang* tornam-se indistintos.

Assim, o T'ai Chi é a arte do autocontrole adquirido e manifestado através do equilíbrio de *yin* e *yang.* (Veja Figura 3-1.) Por essa arte, aprendemos a manter o equilíbrio por meio de uma série contínua de mudanças opostas. Tanto física quanto mentalmente, nosso centro permanece estável, como o cubo de uma roda em movimento, mesmo quando passamos do *yin* ao *yang* e do *yang* ao *yin.*

INTENÇÃO E ATENÇÃO

Alerta teu espírito como o gato prestes a surpreender o rato.
Wu Yu-Hsiang. Comentário sobre os Treze Movimentos[4]

Primeiro na mente, depois no corpo.
Provérbio T'ai Chi

Há pouco tempo, pesquisadores de San Francisco, Califórnia, revelaram como o cérebro se prepara para uma tarefa. Pelo estudo das ondas elétricas, eles mostraram que o cérebro não procede etapa por etapa, com um item de cada vez, como um computador que obedece a um programa. Pelo contrário, ele ativa toda uma rede de conexões, estabelecendo uma nova rede para cada tarefa, sem levar em conta se essa tarefa é ou não conhecida ou semelhante à que acaba de ser executada. Durante uma fração de segundo, o cérebro "se organiza e forma um novo modelo do que ele espera, mesmo para uma tarefa muito estereotipada".[5] Se a organização estiver errada, a resposta tende a ser errada.

Isto significa quc muitas vezes obtemos sucesso ou fracasso antes mesmo de agir. Alan S. Gevins, do EEG Systems Laboratory de San Francisco, diz que "muitos de nossos erros são, em certo sentido, predeterminados por uma falha em nos concentrarmos adequadamente durante a fração de segundo antes de vermos ou ouvirmos alguma coisa".[6]

O CÉREBRO INTENCIONAL

O cérebro responde aos nossos propósitos ou intenções. Esta característica, denominada *feedback,* permite que os animais e os seres huma-

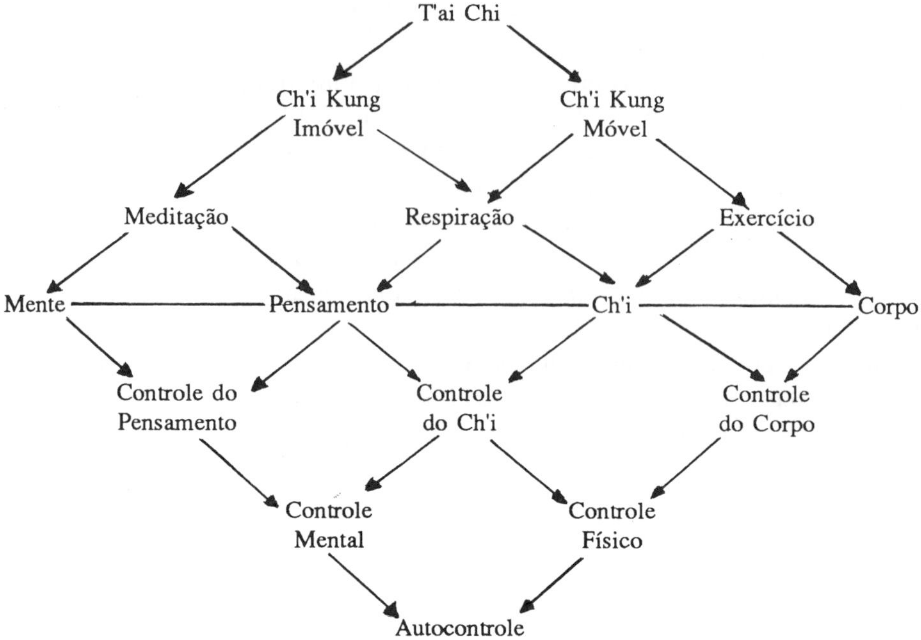

Figura 3-1
Este diagrama mostra o equilíbrio dinâmico de *yin-yang*. O lado direito do losango segue os elementos *yang* (ou mais definidos) do T'ai Chi. O lado esquerdo segue os elementos *yin* (ou mais indefinidos). A leitura do losango da direita para a esquerda ou da esquerda para a direita mostra como os elementos *yin* afetam os elementos *yang* e como estes influenciam os elementos *yin;* em resumo, como estes opostos se tornam uma unidade.

nos (e mesmo os vegetais) ajustem o objetivo ao resultado. Um jogador de basquetebol que perde o primeiro lance livre refaz sua estimativa da força necessária. Seu corpo responde com imperceptíveis reajustes musculares, e no segundo lance a bola mergulha perfeitamente na cesta. Isso acontece porque o cérebro está neurologicamente estruturado para enviar mensagens de intenção e também para receber informação:

> Há dois sistemas cerebrais opostos: um analítico, que disseca o ambiente em unidades de informação e funciona, por assim dizer, para cima; outro intencional, que utiliza essa informação para influenciar o ambiente e funciona, podemos dizer, para baixo. O primeiro sistema é causal; o segundo é dotado de finalidade. Áreas específicas do cérebro anterior dão suporte a cada uma dessas funções, a analítica e a intencional.[7]

Os comentaristas clássicos do T'ai Chi davam muita ênfase à intenção ou propósito:

> O movimento que começa nos pés e através das pernas chega à cintura deve ser sempre perfeitamente coordenado. Quando ocorre confusão de movimento, a causa deve ser procurada na cintura ou nas pernas. Entretanto, o motor primeiro é a mente, e não algo externo.[8]

É no propósito que reside a diferença entre um mestre e um discípulo, porque a intenção controla a força interior, ou *ch'i,* e a coloca na sua melhor condição.

A intenção não apenas controla e coordena o movimento; o pensamento intencional também tem o poder de direcionar o *ch'i* para cada parte do corpo: "Tenha calma e firmeza ao dirigir o *ch'i* com a mente. A menor das aberturas é suficiente para a sua passagem."[9] Assim, a intenção pode aumentar a força.

O controle do tempo dos movimentos do T'ai Chi permite que uma intenção orientadora preceda cada movimento. O T'ai Chi é feito lentamente porque, se os movimentos se tornam rápidos, eles se adiantam ao pensamento. Tornar-se-iam mecânicos ou sem sentido, confusos e desordenados. O foco da atenção também se tornaria obnubilado à medida que os pensamentos fossem saltando de parte de um movimento para parte do seguinte. O fluxo do *ch'i* também se tornaria obnubilado. A falta de uma intenção orientadora pode cortar a fluidez de movimento desejada e interromper o fluxo do *ch'i.* Pior do que isso, não ter intenção é agir como sonâmbulo.

O segredo para pensar enquanto está em movimento encontra-se dentro de você, no seu sentido cinestético. Seu pensamento, ou intenção, está relacionado com esse sentido interior: por exemplo, com a transferência de peso de uma perna para a outra, com o giro do corpo ou ainda com a elevação dos braços. Seu pensamento modela o movimento que você tem a intenção de fazer. De modo especial, seu pensamento modela as mudanças de peso que tornam sua perna "vazia" ou "cheia", as alterações que criam o equilíbrio *yin-yang*.

MEDITAÇÃO EM MOVIMENTO

Muitos alunos ficam confusos quando se lhes pede que dirijam seus movimentos e seu *ch'i* com a mente. Muitos associam essa orientação com a experiência da meditação, especialmente se conhecerem a expressão "meditação em movimento" aplicada ao T'ai Chi. Este é um bom começo, se definirmos a meditação do ponto de vista do T'ai Chi. Considere a meditação como "atenção e intenção em alerta total", como pensar e sentir ao mesmo tempo. Como acontece na meditação, ao praticar o T'ai Chi você não pensa em absolutamente nada exterior a você. Em especial, você não fica repassando preocupações ou detalhes de problemas ou obrigações do seu dia-a-dia. Se pensamentos específicos chegam à sua mente, você não se deixa levar por eles. Simplesmente deixa que eles passem ou "escorram", como a água escorre de um telhado. Você tem de prestar atenção somente a si mesmo e ao que está fazendo.

A chave para dar uma direção ao que você faz é seguir a sua respiração. O objetivo é simples: respire apenas de maneira regular. Deixe que a respiração siga a inspiração e que esta siga a primeira, regularmente, sem interrupções e pausas.

Ainda assim, os alunos perguntam: "Em que eu deveria focalizar meus pensamentos?" A resposta é: Não "focalize" seus pensamentos. Pense em tudo o que faz. Pense no sistema todo. Na prática do T'ai Chi, você não gira ao redor de um ponto, mas presta atenção a um processo: o que você pretende, como ocorre, a sensação que sente. (Veja Figura 3-2.)

É a conexão constante do movimento com o pensamento que aperfeiçoa tão significativamente a concentração do aluno. Muitos estudantes perceberam que o T'ai Chi os ajuda a praticar seus esportes favoritos pelo aumento de sua habilidade de concentração. Como eles executaram movimentos dirigidos pelos seus pensamentos ao mesmo tempo que controlavam a respiração e a descontração, essas habilidades surgem naturalmente nos momentos de pressão. Uma aluna fotógrafa escreve:

> Jogo tênis há quase vinte anos, mas desde que comecei a praticar T'ai Chi minha atenção está muito melhor. Não vejo outra coisa a não ser a bola — meu corpo faz o que já aprendeu a fazer.
>
> Meu parceiro e eu vencemos o torneio de duplas mistas no SRI International (empresa de pesquisas de Menlo Park, Califórnia) e nem fiquei sabendo o escore. Durante o torneio, sempre que começava a perder o fôlego eu assumia uma posição próxima à da meditação e me tranqüilizava imediatamente.
>
> Na última vez que medi a pressão, descobri que ela estava mais alta do que de costume. Pedi à enfermeira que a tirasse uma segunda vez. "Tranqüilizei-me com o T'ai Chi" e em trinta segundos as duas leituras tinham caído.[10]

O que chama a atenção aqui é que essa aluna não precisou assumir uma postura específica do T'ai Chi para ficar calma e relaxada. Ela precisava apenas *pensar* nessa postura e *pensar* em ficar calma. Como explica um analista antigo, os movimentos do T'ai Chi são tão dirigidos pela mente e tão subordinados a ela que o pensamento *é* o movimento:

Em cima ou embaixo,
À frente ou atrás
À esquerda ou à direita: tudo é a mesma coisa.
Todas essas coisas são *Yi* (pensamentos) e não algo exterior.[11]

Outra estudante, uma mulher de 34 anos, apanhadora num time de *softball,* descobriu que, em condições altamente desafiadoras, seus movimentos respondiam a seus pensamentos:

Ao longo dos dois anos de prática de T'ai Chi, passei a descobrir os benefícios da regularidade desse exercício. Sou uma mulher ativa e gosto de participar de todos os tipos de esportes. Natação, golfe e *softball* são os meus favoritos.

Na primeira temporada de *softball* depois que comecei a praticar T'ai Chi, dei-me conta de melhoras físicas e mentais surpreendentes no meu desempenho. No passado, eu havia notado que meus braços, pernas e ombros precisavam de um tempo cada vez maior para se recuperar das dores que eu imaginava ser necessário padecer no início de cada nova temporada. Visto que a equipe para a qual disputo não acreditava muito em exercícios, eu estava apreensiva em maio de 1985 — seis ou sete semanas depois de ter iniciado meu aprendizado de T'ai Chi —, quando começamos a temporada despreparados. Eu não esperava jogar dois jogos como apanhadora sem participar de pelo menos uma prática. No dia seguinte, para minha agradável surpresa, a rigidez muscular que eu imaginava simplesmente não existia. Tenho a certeza de que posso atribuir essa mudança ao fortalecimento significativo dos músculos do corpo, especialmente os das pernas, que ocorre com a prática do T'ai Chi.

Outras mudanças que constatei foram ainda mais surpreendentes. Mais tarde, nessa mesma temporada, talvez três meses depois de eu ter começado o T'ai Chi, estive envolvida numa jogada dramática junto à base principal. Um adversário, de estatura enorme, chegou à terceira base e estava disposto a chegar à base principal. Enquanto ele contornava a terceira base em direção à principal, lembro que bloqueei a placa numa posição bem baixa, firme. Lembro-me de ter girado para a direita do campo e de ter visto as costuras da bola girarem num arremesso baixo, firme, preciso, na minha direção, para a placa. Num único movimento, apanhei calmamente esse maravilhoso arremesso e voltei-me para um *tag*.

Tenho a certeza de que o corredor da base estava pensando que esse resvalo perigoso tiraria de campo aquela apanhadora, mas ele não teve essa oportunidade. Quando apliquei o *tag* sobre ele, seu *momentum* em minha direção e na direção da placa foi totalmente redirecionado e ele acabou numa enorme nuvem de poeira a uns dois metros de distância. Enquanto meu time aplaudia, meu oponente permanecia sentado e aturdido. Ele não sabia o que havia batido nele, e eu também não, até a aula seguinte de T'ai Chi, quando juntei todos os pormenores — a concentração no arremesso, o centro de gravidade abaixado, a facilidade em girar e fazer o *tag*. T'ai Chi era isso.[12]

T'ai Chi é exatamente isso. Quando os seus pensamentos dirigem os seus movimentos e se centram na sua energia vital, o vigor muscular combina-se com a energia *ch'i*. E *então*, como gerações de mestres transmitiram a seus alunos, "quinhentos gramas derrubam quinhentos quilos".

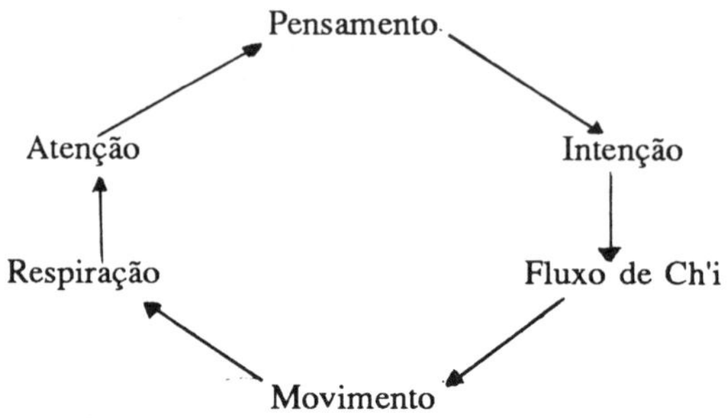

Figura 3-2
Este diagrama ilustra o processo do pensamento em sua relação com o T'ai Chi. O lado direito do círculo mostra como a intenção direciona o movimento. O lado esquerdo indica o modo pelo qual a atenção monitora os efeitos do movimento.

FLEXIBILIDADE E RIGIDEZ: COMO UMA CRIANÇA ABORDA A TENSÃO

Seja brando e flexível.
Quando nascemos, somos flexíveis:
Qualquer pessoa pode fazer conosco o que bem entender.
Não conseguimos sequer ficar de pé,
E todavia temos uma vida inteira pela frente.
Quando morremos, somos duros e rijos,
E entretanto não podemos viver nem mesmo um minuto mais.
Todas as coisas vivas
São flexíveis enquanto vivem
Mas inflexíveis após a morte.
Por isso, ser brando é melhor do que ser austero,
E ser flexível é melhor do que ser rígido.

Lao Tsé, *Tao Té King*[13]

A vitalidade das crianças já inspirou pais e avós, filósofos e poetas. "A pessoa inteligente é como uma criança; sua vitalidade está intacta", escreveu Lao Tsé. As crianças possuem poderes de elasticidade quase mágicos. Os bebês sobreviventes do terremoto da Cidade do México, encontrados famintos e sedentos nas ruínas da maternidade após muitos dias, desenvolveram-se como crianças normais. Quando acidentes comuns acontecem, causa inveja aos adultos a rapidez com que os ossos das crianças se soldam e seus ferimentos são curados.

O ato de refletir sobre as crianças permite que nos compreendamos como adultos. Embora as crianças sintam tensão durante experiências desagradáveis ou dolorosas, como acontece com os adultos, livram-se delas rapidamente e recuperam sua habilidade de desfrutar a vida. Diferentemente delas, nós adultos carregamos as preocupações conosco — e também o medo, a raiva, o ressentimento e outras emoções desagradáveis que nos cumulam de tensão. Essas tensões se manifestam em sintomas físicos, às vezes deflagrando nossa irritação contra os outros e às vezes até afetando a nossa saúde e nossa possibilidade de recuperação. Se pudéssemos nos livrar das tensões passadas, poderíamos sentir a felicidade fluindo de volta para nós.

Como nos ensina a moderna medicina, a tensão prejudica a vitalidade, enrijecendo literalmente o corpo contra ele mesmo. Por exemplo, se a tensão se torna crônica, os vasos sangüíneos perdem a elasticidade. O Dr. Emmett Miller, especialista em medicina psicofisiológica, dá a seguinte explicação:

> Sempre que sentimos medo, preocupação ou estamos "sob pressão", podemos ter a nossa pressão sangüínea aumentada. Em geral, a pressão volta rapidamente ao normal logo que saímos da situação que cria esses sentimentos. Esse rápido retorno ao normal é uma propriedade de vasos sangüíneos saudáveis que faz com que eles mantenham a flexibilidade de adaptação. Como as situações de tensão aumentam cada vez mais, e como vamos envelhecendo com o tempo, o acúmulo de tensão não-liberada causa a constrição permanente dos vasos sangüíneos. Essa constrição produz uma resistência cada vez maior ao fluxo do sangue. Imagine-se soprando a chama de uma vela através de uma pequena mangueira de borracha macia. Se começar a apertar a mangueira, você verá que uma pressão cada vez maior é exigida para que a mesma quantidade de ar alcance a vela. De modo semelhante, à medida que os vasos sangüíneos vão ficando mais e mais constritos, uma pressão sangüínea mais elevada é necessária para enviar o sangue através deles, e o coração é forçado a realizar uma quantidade maior de trabalho. As doenças resultantes da hipertensão e dessa tensão do coração são muitas — acessos, ataques cardíacos, doenças dos rins, angina do peito, hemorragia cerebral, arteriosclerose... para citar algumas.[14]

Para satisfação nossa, porém, o Dr. Miller diz ainda que nossos problemas provêm não tanto da tensão em si como da tensão *não liberada*. É a tensão crônica que leva a doenças graves, bem como a indisposições "menores", como depressões, dores lombares, enxaquecas, desarranjos estomacais, e à perda de nosso direito inato à felicidade. Se descarregamos a tensão regularmente, não precisamos temê-la. Se agirmos como a pessoa inteligente mencionada por Lao Tsé, pessoa essa semelhante a uma criança, encontraremos meios de nos livrarmos da tensão através do jogo.

As crianças praticam jogos simples. Seus jogos favoritos mostram que encontram prazer no simples fato de existir — no correr, no balançar-se, no mover-se. Saber ser vital como uma criança significa saber encontrar prazer e descontração em experiências físicas básicas desse tipo.

Sob muitos aspectos, o T'ai Chi assemelha-se a um jogo infantil. A expressão chinesa comum para a prática do T'ai Chi Ch'uan é "brincar com o T'ai Chi". O T'ai Chi é semelhante ao jogo, em parte porque não oferece objetivos externos. O filósofo Immanuel Kant, certa ocasião, definiu a obra de arte como uma entidade que é "intencional sem intenção". Assim é o T'ai Chi. Você tem como meta executar bem os movimentos, respirar suavemente e relaxar enquanto se movimenta. É isso: você não marca pontos, não registra tempos, não derrota ninguém. E no entanto você se dá conta de uma forte sensação de intencionalidade, ao mesmo tempo que executa os movimentos artisticamente modelados.

A lenda da origem do T'ai Chi é uma fábula sobre a tensão e a descontração, a aspereza e a suavidade. Diz a história que um sábio, Chang San-Feng, observava uma luta entre uma garça e uma serpente. A garça atacava ferozmente com seu bico. Cada vez que a ave investia, a serpente, com um leve movimento, desviava-se da bicada. Enquanto a garça cravava seu bico na terra, ferindo-se com a força de seu próprio ataque, a serpente, com o mesmo movimento suave, esquivava-se da arremetida e reunia suas forças para revidar. Em pouco tempo, a garça estava perdendo a luta. Foi aí que ela mudou de estratégia. Em vez de espicaçar a serpente com seu bico afiado, a ave abriu suas asas e calmamente as estendeu sobre a serpente, que passou a não ter mais condições de evadir-se. Chang San-Feng deu-se conta de que a suavidade e a flexibilidade são superiores à rigidez e à força.

Essa lição é exposta reiteradas vezes pelo filósofo taoísta Lao Tsé. A água, por exemplo, ilustra o poder da suavidade.

Nada é mais fraco que a água.
E todavia, no ataque do que é duro e rígido,
Nada pode superá-la.

Nada se lhe iguala.
O que é fraco vence o que é forte.
O que cede supera o que resiste.
Este princípio é de todos conhecido.
Entretanto, poucos o utilizam
E dele tiram proveito na prática.

Tao Té King[15]

NEM SÓ AS CRIANÇAS SÃO JOVENS

Na tradição do T'ai Chi como arte marcial, a habilidade de controlar a leveza e a flexibilidade é considerada a razão básica pela qual um mestre idoso vence um lutador jovem. Uma obra clássica descreve a superioridade do T'ai Chi como uma habilidade que vence a força, habilidade essa ilustrada pelo velho derrotando o jovem:

> Há muitas maneiras errôneas de ensinar a arte do boxe. Apesar de diferirem entre si, todas têm um princípio em comum: o mais forte em força bruta sobrepuja necessariamente o mais fraco. A mão que se move lentamente procura em vão esquivar-se da que possui movimentos rápidos.
>
> Mas estas são apenas fórmulas empíricas que não podem substituir o verdadeiro conhecimento baseado em pesquisas filosóficas. É óbvio que a preponderância da força física não explica por si só a queda de quinhentos quilos provocada pelo impulso de meros quinhentos gramas. Quando um homem idoso se defende com sucesso contra o ataque simultâneo de muitos adversários jovens, ele não conta apenas com a velocidade. Há aí algo mais do que simples matemática.[16]

Esse tema favorito é freqüentemente ilustrado com histórias de homens velhos cujos movimentos suaves repelem os ataques de pessoas jovens. Mesmo o nosso instrutor de T'ai Chi, Kuo Lien-Ying, tinha sua própria versão dessa experiência. Em sua juventude, Kuo havia aprendido uma arte marcial cujos objetivos eram a velocidade e a rigidez; o praticante dessa modalidade só podia ser derrotado por um mestre de bastante idade que tivesse condições de chegar a uma condição de suavidade. Apresento a seguir um relato do encontro de Mestre Kuo com o homem que se tornaria seu instrutor de T'ai Chi, e da força do próprio Kuo, feito por um de seus alunos, que havia passado muitos anos praticando artes marciais "duras" como o caratê:

> Kuo trabalhava como guarda de segurança pessoal, e muitas vezes viajava com bens ou dinheiro que necessitavam de proteção. Certo dia,

> fora de Pequim, ele descobriu que um grande mestre de T'ai Chi chamado Wang, então com 104 anos de idade, morava nas redondezas. Ansioso por conhecer o T'ai Chi mais a fundo e para testar a si mesmo, Kuo enfrentou o famoso mestre e o desafiou. O Mestre Wang, sem qualquer esforço, neutralizou todos os ataques de Kuo. Este curvou-se ante seu superior e tornou-se seu aluno.
>
> No último dia do meu treinamento formal, Mestre Kuo demonstrou-me suas habilidades e pediu-me que o atacasse. Ele me dominou facilmente e desviou todas as minhas investidas. Ora se insinuava em meus bloqueios e aplicava leves golpes em meu corpo, ora, com toque imperceptível, me jogava contra a parede. Com todo o meu treinamento no estilo "duro", eu não conseguia esquivar-me nem atacá-lo. Seu sistema solto e suave funcionava. Nessa época, Kuo estava perto dos noventa anos e eu próximo dos trinta.[17]

Suavidade é também divertimento. A elasticidade, a flexibilidade e o humor andam juntos. Mestre Kuo era estimado pelos seus alunos pela sua jovialidade. Apesar de sua notória destreza, ele se portava modestamente, sem formalidades ou pretensões. Jovens e crianças participavam de suas aulas, ministradas ao ar livre em Portsmouth Square, em San Francisco. Às vezes ele nos divertia comendo melancia com semente e tudo, ou olhando para o sol sem piscar, ou ainda comendo dentes de alho inteiros. Entre os mestres de T'ai Chi, são comuns o calor infantil e a simplicidade aberta. No *Encounters with Qi,* David Eisenberg faz uma descrição afetuosa do Velho Chang, instrutor de T'ai Chi do Instituto de Medicina Tradicional de Beijing:

> Ele era tão brincalhão e tão bem-disposto aos sessenta anos quanto uma criança de oito. Diferentemente da maioria dos homens chineses, Chang era totalmente calvo. "Tenho por cabeça um ovo brilhante", dizia ele em seu estilo autodepreciativo. "Graças a Deus já estou casado!" Vestia camisetas de algodão azul bem largas sobre longos abrigos térmicos brancos. Seu cinto era um pedaço de corda comum. Esse homem baixo, vestido de modo simples, tinha os músculos de um ginasta, a graça de um dançarino e o equilíbrio de um gato. Não, porém, de um gato comum. O Velho Chang era um leão humano com incomparável força e agilidade.[18]

Pelo "brincar com o T'ai Chi" você mantém sua vitalidade intacta, livra-se das preocupações e torna a ser flexível como uma criança.

Aprender a suavidade do T'ai Chi pode salvar a sua vida. Se, apesar do que os médicos nos dizem a respeito das doenças do coração e da pressão alta, essa afirmação lhe parecer muito forte, pense então nesta história. Perto de Stafford, Virgínia, William Heaser, com 42 anos, parou numa rodovia interestadual para ajudar um motorista que tinha batido o carro um pouco à sua frente. Ao abrir a porta do carro acidentado, viu outro carro em alta velocidade vindo na sua direção; saltou então por cima da proteção lateral da estrada para proteger-se. Infelizmente, Heaser não percebeu que havia estacionado numa ponte:

> Saltei por cima da barreira, pensando que chegaria ao chão no outro lado, mas continuei caindo. Minha primeira impressão foi: "Que sensação maravilhosa!" Deve ter sido a mesma sensação que vivem os pára-quedistas. No segundo seguinte, eu sabia que estava com um grande problema. Dizia a mim mesmo, "Não é de se esperar que eu me divirta com uma coisa assim!"
>
> Então lembrei o que meu irmão Richard me dissera quando treinava salto com os Boinas-Verdes. "Pouco antes de tocar o chão, você expele todo o ar e deixa-se cair relaxado." Fiz isso. Não me lembro de ter batido nas árvores, mas me machuquei muito ao chegar ao chão.[19]

Heaser havia caído de uma altura de 35 metros. Rompeu baço e perfurou um pulmão. Seu maxilar, o pulso, os dedos, as costelas, o ombro e todos os ossos de sua perna esquerda se quebraram. Um mês depois ele se recuperava em casa. Como isso pôde acontecer? Por sorte, sem dúvida — e pelo poder da suavidade, relaxamento e controle.

Buda Sentado, pós Chao
(datado de 338 d.C.)

PREPARAÇÃO PARA O T'AI CHI ATRAVÉS DO CH'I KUNG

4

Nos primeiros três capítulos deste livro, você entrou em contato com a teoria que serve de base ao Ch'i Kung e ao T'ai Chi. Isso o preparou para o aprendizado dos exercícios de Ch'i Kung e para a prática das formas do T'ai Chi; assim você pode dar início ao seu próprio treinamento nessas artes antigas.

O Ch'i Kung tem uma história ainda mais antiga que as artes marciais. Foram encontrados registros escritos referentes a ele com data de 1100 a.C. Suas práticas eram utilizadas como exercícios de autocura e adaptadas para o indivíduo adequar-se às filosofias e necessidades especiais de diversos grupos — confucionistas, taoístas, budistas, herbanários, acupunturistas e outros.

Os exercícios do Ch'i Kung eram ensinados em segredo. De modo particular, eles se transformaram em exercícios de treinamento secreto da escola de artes marciais Hsing Yi. À semelhança do T'ai Chi Ch'uan, o Hsing Yi começa sua história moderna no século XVII, mas por tradição remonta à Dinastia Sung, que esteve no poder até 1279. Os praticantes do Hsing Yi tinham uma meta quase sobrenatural: desenvolver o poder de projetar a energia do corpo e, assim, imobilizar o adversário sem tocar nele.

Como o T'ai Chi, o Ch'i Kung foi abandonado na China revolucionária, embora ainda fosse praticado por algumas pessoas capazes de realizar proezas espantosas: quebrar pedras com a cabeça, agüentar pesadas cestas penduradas às orelhas por uma corda, vergar barras de aço com um único chute e assim por diante. Nos últimos anos, ele se tornou tema de pesquisas médicas. David Eisenberg, o médico americano que conheceu o T'ai Chi em sua viagem à China em 1979-1980, ficou fascinado com os mestres de Ch'i Kung: em Beijing, ele viu um mestre mover os pingentes de uma luminária (e a própria luminária) sem tocá-los. No Instituto de Medicina Chinesa Tradicional de Xangai, observou outro mestre desviar uma seta presa a um cordão, novamente sem nela tocar; numa segunda viagem à China, em 1983, ele pôde ver como um mestre acendeu uma lâmpada fluorescente de um metro e meio e quarenta watts simplesmente batendo nela e friccionando-a com as mãos.[1] Embora essas curiosas demonstrações da aplicação externa do *ch'i* fossem realizadas em sinal de cortesia a um visitante e não constituíssem parte de um programa médico, o uso do Ch'i Kung em tratamentos médicos é objeto de pesquisa nos mais importantes institutos e hospitais.

EXERCÍCIOS DE CH'I KUNG

Os exercícios têm dois objetivos. O primeiro é relaxar o corpo para torná-lo receptivo ao fluxo livre do *ch'i*. O segundo é utilizar a mente para dirigir esse fluxo. Os meios para tais fins são simples: respiração tranqüila, uniforme; relaxamento; e intenção mental e atenção, em alguns casos acompanhadas de massagem local.

Além de ser um meio de dirigir o fluxo do *ch'i*, a respiração é uma fonte de *ch'i*, e a mais importante de todas, visto que respiramos muitas vezes por minuto, ao passo que comemos apenas algumas vezes por dia. Nossa vida é constituída por muitos ciclos — dormir e acordar, comer e jejuar, mover-se e descansar —, mas o ciclo intrínseco de cada instante é o da respiração. Podemos viver sem alimento por muitos dias ou mesmo semanas, mas com a parada da respiração em poucos minutos entramos em agonia e morremos.

A respiração natural, que você deve manter durante todos os movimentos descritos neste livro, movimenta o *ch'i*. O pensar consciente, para o qual você será orientado pelas instruções referentes aos movimentos, também o põe em movimento. A ação simultânea da respiração e do pensamento na prática do Ch'i Kung estimula a força vital do corpo.

COMO USAR ESTES EXERCÍCIOS

Adote os exercícios numerados de 2 a 5 como aquecimento prévio a cada sessão de T'ai Chi. Esses exercícios melhoram a circulação do *ch'i* nas áreas estimuladas pela massagem local: a região lombar, os quadris, os tornozelos e os joelhos. O exercício 1, *Meditação Sentada,* deve ser praticado para treinar a sensação do movimento do *ch'i* e para acalmar a mente. É útil também para começar e terminar o dia e para recuperar sua energia em breves momentos de intervalo durante o seu trabalho.

EXERCÍCIOS DE AQUECIMENTO COM CH'I KUNG
EXERCÍCIO 1: MEDITAÇÃO SENTADA

A *Meditação Sentada* ativa o fluxo de energia do corpo desde os braços até as pernas. Permite também que você sinta esse fluxo como uma sensação de calor. Para este exercício, você precisa de dez minutos ininterruptos e de um local adequado. A cadeira, ou banquinho, deve ser firme, nivelada e da altura apropriada.

Qual a altura apropriada? É aquela em que a sola dos pés fica inteiramente apoiada no chão e as coxas niveladas entre si e paralelas ao solo. Se o assento for muito baixo, as coxas ficarão numa posição inclinada e mais baixas com relação aos joelhos; se for alto demais, elas ficarão mais altas. Ao sentar, coxas e pernas devem ficar como os dois lados de uma caixa quadrada.

1-A Sente-se ereto, ombros e abdome relaxados. Joelhos afastados pela largura dos ombros, em linha com os quadris. Pés diretamente abaixo dos joelhos (pernas e coxas formando 90º), pontas apontando para a frente e emparelhadas. Palmas estendidas, suavemente colocadas sobre os joelhos. Feche os olhos e deixe sua atenção fora de foco, dirigida globalmente para todo o seu corpo.

1-B (Visão de frente). Se quaisquer pensamentos, palavras ou imagens invadirem sua mente, deixe que passem. Trate-os como cães extraviados que o seguem ao longo do caminho. Não lhes dê atenção: permita apenas que se afastem. Sente-se tranqüilamente durante dez minutos:

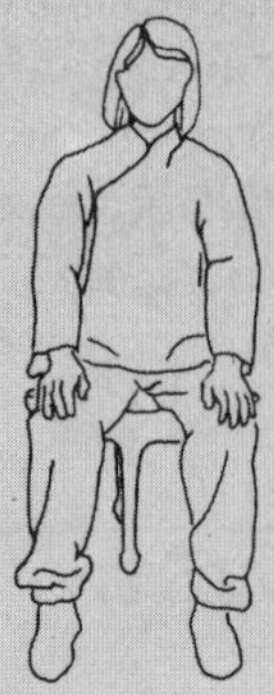

Verifique:

- Nível das coxas
- Pés paralelos, pontas emparelhadas
- Ombros soltos
- Abdome relaxado
- Atenção global

Num ou noutro momento durante os dez minutos, você pode sentir mais calor ou também uma sensação de formigamento. Pode sentir um calor penetrante nos joelhos, no local de apoio das palmas. O exercício é benéfico, quer você tenha ou não essas sensações; por isso, não force a sua manifestação. Mantenha sua atenção fora de foco e relaxada e respire regularmente.

EXERCÍCIO 2: GIRAR A CINTURA (EXERCÍCIO PARA AS COSTAS)

Este exercício estimula a energia a fluir por meio da ativação suave da sua fonte — o centro do corpo —, propiciando ao corpo uma massagem interna. As palmas canalizam a energia através de pontos sensíveis da região lombar (pontos de acupuntura). Desfrute o movimento. Muitos adultos associam os exercícios com o ditado popular que diz que "sem sofrimento não há benefício". Estes exercícios devem ser encarados como uma brincadeira.

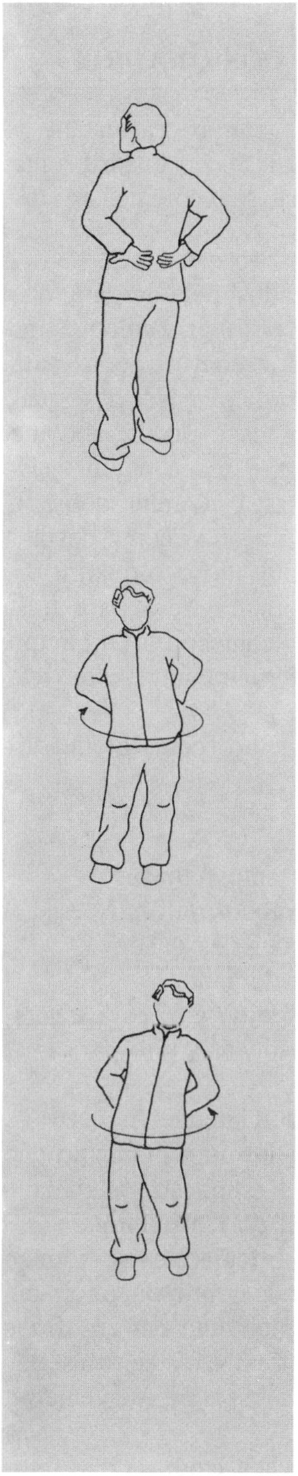

Solte os ombros; deixe-os cair. (Em geral, ombros arqueados provocam dor de cabeça.)

2-A Fique de pé, pés afastados pela largura dos ombros, paralelos, dedos emparelhados, peso dividido, joelhos ligeiramente dobrados, voltados diretamente para a frente. Relaxe o abdome. Dobre os joelhos ligeiramente e distribua seu peso de modo uniforme. Coloque as palmas na região lombar, logo acima da cintura, as pontas dos dedos em cada lado da espinha, sem se tocarem.

2-B Movimente o abdome suavemente para a frente e gire-o *lentamente* para a direita doze vezes.

2-C Movimente o abdome suavemente para a frente e gire-o *lentamente* para a esquerda doze vezes.

Verifique:

- Peso uniformemente distribuído, dedos emparelhados.
- Joelhos levemente dobrados.
- Ombros soltos.
- Abdome relaxado.
- Mãos na região lombar, dedos não se tocando.

Repita até completar doze giros para cada lado. Respire regular e lentamente.

EXERCÍCIO 3: FORTALECIMENTO DOS QUADRIS

Neste exercício, as palmas canalizam a energia através da articulação do quadril; uma rotação lenta massageia suavemente a articulação.

3-A De pé, pés afastados pela largura dos quadris. Sem pressionar, coloque as palmas, estendidas e com os dedos para baixo, sobre as articulações dos quadris. Relaxe as mãos e dedos, abdome e ombros. Avance e recue alguns passos. Se as palmas estiverem sobre a junta, você sentirá o movimento desta.

3-B Lenta e suavemente, mova o quadril direito para a direita e gire-o para trás, terminando onde começou. (O círculo será pequeno e formará uma linha reta na parte da frente.)

3-C Repita o movimento com o quadril esquerdo.

Verifique:

- Pés afastados, dedos emparelhados.
- Peso distribuído de modo uniforme.
- Palmas nas articulações dos quadris.
- Joelhos ligeiramente dobrados.
- Movimento para a direita, giro para trás.
- Movimento para a esquerda, giro para trás.

Respire lenta e tranqüilamente. Às vezes os alunos se concentram tanto no movimento que esquecem de respirar. Respiração tranqüila e regular é parte essencial do Ch'i Kung.

À medida que as articulações se tornam mais flexíveis, você pode sentir ou ouvir um estalido na juntura no momento em que faz o giro. Isso é sinal de flexibilidade. Mas não force a articulação. Gire sempre suavemente, e devagar.

Faça doze giros de cada lado.

EXERCÍCIO 4: FORTALECIMENTO DO JOELHO E DO TORNOZELO

Neste exercício, as palmas dirigem a energia para seus joelhos enquanto uma rotação lenta massageia suavemente a articulação. Os gregos acreditavam que a força do corpo estava nos joelhos, e alguns médicos dizem a seus pacientes: "Os joelhos são um segundo coração". Este exercício ajuda a manter os joelhos flexíveis. A postura e o movimento circular também irão flexionar e exercitar seus tornozelos com suavidade.

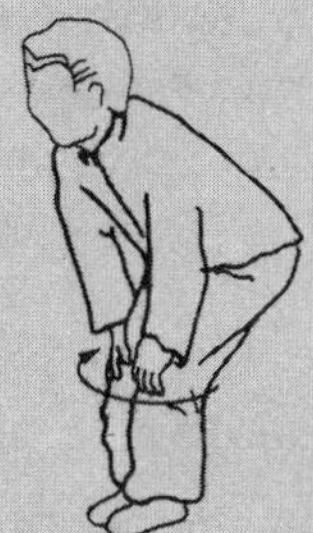

4-A Coloque a palma das mãos sobre os joelhos, pés voltados para a frente, pontas emparelhadas. Levante a cabeça e olhe bem em frente. Dobre os joelhos ligeiramente e gire-os lentamente para a direita, mantendo-os próximos um do outro, mas sem se tocarem.

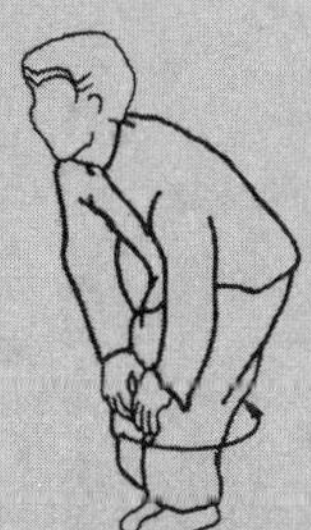

4-B Gire ambos os joelhos lentamente para a esquerda, mantendo-os próximos um do outro, mas sem se tocarem.

Verifique:

- Joelhos dobrados, peso uniformemente distribuído.
- Pés voltados para a frente, pontas emparelhadas.
- Palmas sobre os joelhos.
- Olhos diretamente à frente.
- Giro dos joelhos à direita.
- Giro dos joelhos à esquerda.

Faça doze giros para cada lado. (Um número menor deve ser feito se os joelhos estiverem machucados.)

Mantenha os giros lentos e regulares, sempre na mesma velocidade.

EXERCÍCIO 5: ALONGAMENTO PARA CIMA E AFROUXAMENTO

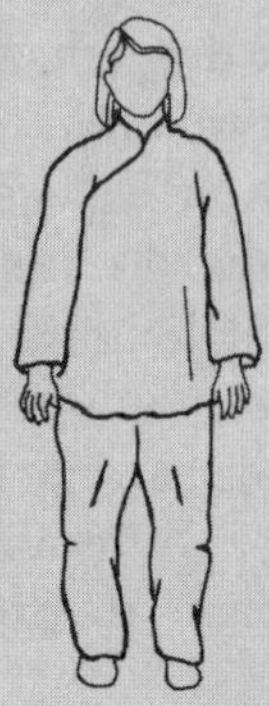

Alongar e curvar de lado a lado fazem parte de muitas rotinas calistênicas. Consideradas originárias da Suécia (século XVIII), essas rotinas foram introduzidas naquele país através de um tratado escrito por um jesuíta francês que era missionário na China.[2]

5-A De pé, pés paralelos, não se tocando, apontando diretamente para a frente, peso bem distribuído, dedos emparelhados, joelhos levemente flectidos. Relaxe o abdome.

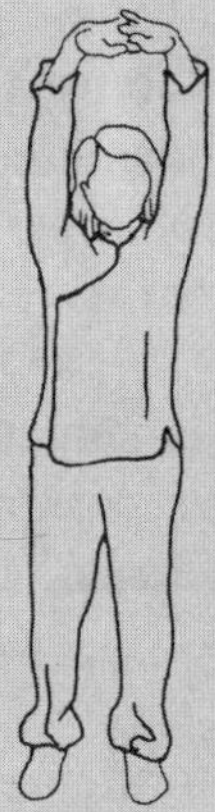

5-B Entrelace os dedos à sua frente, palmas para baixo. Com os dedos entrelaçados, estire os braços acima da cabeça, palmas para cima.

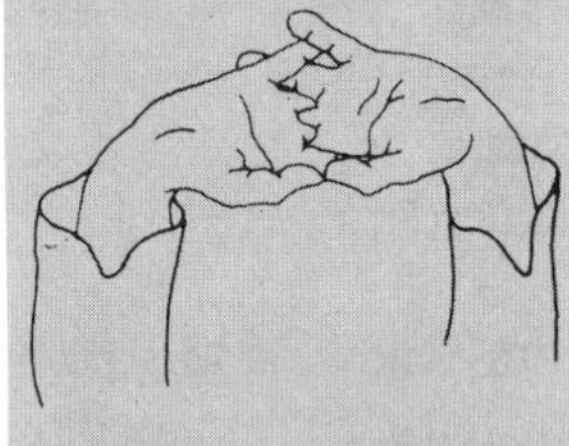

Veja o primeiro plano das mãos na posição **5-B**.

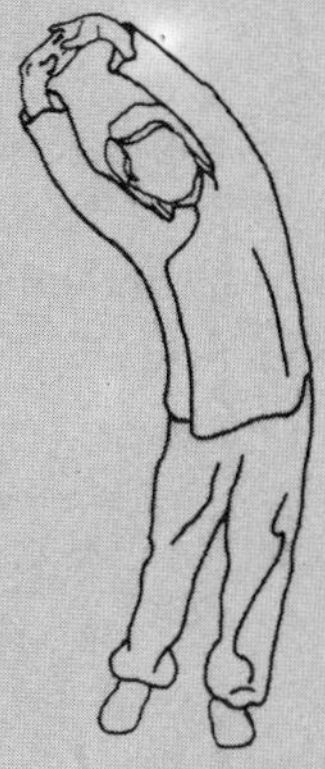

5-C Curve-se suave e lentamente para a direita, empurrando as palmas para cima para alongar o seu lado esquerdo.

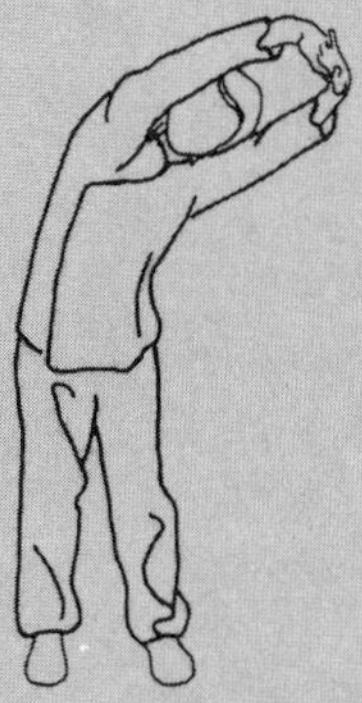

5-D Curve-se suave e lentamente para a esquerda, empurrando as palmas para cima para alongar o seu lado direito.

Verifique:

- Pés afastados, paralelos, peso uniformemente distribuído.
- Dedos entrelaçados.
- Braços estirados, palmas para cima.
- Curvatura à direita.
- Curvatura à esquerda.

Curve-se seis vezes de cada lado.

Estátua de um soldado de infantaria do cemitério de Shihuang Di.

5 T'AI CHI CH'UAN

HISTÓRIA

Ninguém sabe quando o T'ai Chi Ch'uan foi praticado pela primeira vez. A formulação do sistema é tradicionalmente atribuída a Chang San-Feng, das Montanhas Wutang. Embora possa pertencer à lenda, diz-se que viveu aproximadamente de 1279 a 1368 d.C. Tão grande é o prestígio do T'ai Chi que, de acordo com certas lendas, Chang San-Feng também descobriu o segredo do rejuvenescimento e viveu 250 anos. É certo que o T'ai Chi Ch'uan é uma arte marcial antiga. Seu nome significa "modo global e perfeito de lutar com o punho", e uma estátua de terracota em tamanho natural da dinastia Ch'in (221-210 a.C.) mostra um soldado da infantaria dando um passo à frente numa postura semelhante a um movimento do T'ai Chi.[1]

As raízes do T'ai Chi, entretanto, encontram-se na filosofia e na medicina do taoísmo, associado a Lao Tsé, que se supõe ter nascido em 604 a.C. Lao Tsé também pode ser uma figura lendária: seu nome significa simplesmente "o Antigo". Os taoístas eram filósofos-cientistas que acreditavam no poder e na generosidade da natureza. Para esses sábios, a sabedoria consistia em seguir a natureza, em entregar-se à natureza e nada fazer que se opusesse a ela. Este era o Caminho Verdadeiro, a Senda, ou Tao, e ele conduzia à saúde, à felicidade e à longa vida.

Os taoístas foram os primeiros médicos da China. As origens da medicina chinesa tradicional encontram-se em suas pesquisas. A medicina tradicional deve a eles o início de sua imensa farmacopéia de tratamentos herbanários e também seu conhecimento dos pontos de pressão sensíveis do corpo. Os taoístas davam o nome de "alquimia interior" ao estudo que faziam dos modos naturais de preservar a juventude e a saúde e de prolongar a vida. Sua pedra filosofal era uma maturidade jovem e atemporal.

O sistema de exercícios relacionado com os ensinamentos e as práticas taoístas é o sistema "interior". Expressando sua crença taoísta de sujeição à natureza, o sistema dá ênfase aos movimentos suaves, naturais; a uma respiração serena, sem esforço; a uma posição firmemente alicerçada na terra; e a uma atenção mental consciente para dirigir e unificar o processo. Os movimentos começam na mente e ativam o corpo todo a partir de dentro, à semelhança da própria natureza, que é posta em movimento harmonioso por uma força interior.

Os alunos são orientados através de imagens extraídas da natureza:

Seja firme como uma montanha.
Caminhe como um gato.
Mova-se como as nuvens, tão lentamente que ninguém
  possa perceber as mudanças que ocorrem.

Uma pintura da época da Dinastia Han (c. 168 a.C.) mostra várias figuras em postura de T'ai Chi identificadas pelo nome de animais, entre os quais a garça, o dragão e o macaco, animais cujos nomes ainda hoje se ligam a diversos movimentos.[2] Há também movimentos que receberam o nome do tigre, do galo e do cavalo.

O próprio nome desses exercícios está enraizado na filosofia natural dos taoístas. Literalmente, *T'ai Chi* significava "suprema cumeeira" ou "global perfeito", ou, traduzido mais livremente, "o estado global de perfeição". Na filosofia taoísta, T'ai Chi é um conceito que denota uma etapa na evolução do cosmo, um ponto de equilíbrio harmonioso entre um estado de vacuidade (o vazio que existia antes da criação) e um estado de plenitude flexível, de matéria em movimento dinâmico.

A terceira palavra do nome, *Ch'uan,* significa lutar sem arma. Traduzida para o português, ela se toma, apesar de um tanto erroneamente, "boxe". Como sistema de movimentos padronizados destinados a aprimorar a força, a flexibilidade, a coordenação e a persistência, o T'ai

Chi é como outras formas de exercício. No entanto, ele é diferente da maioria delas em seu componente mental, destinado a aperfeiçoar a concentração e o autocontrole pelo treinamento do aluno no sentido de focalizar o pensamento numa série de movimentos, ao mesmo tempo que preserva o sentido de continuidade do movimento seguinte, como se a série toda constituísse um movimento único. Essa concentração mental ajuda a explicar o sentido de fluidez suave que os alunos de T'ai Chi tanto apreciam.

O símbolo do estado de T'ai Chi é um círculo dividido em *yin* (ou vacuidade) e *yang* (ou plenitude). No interior de cada divisão há um pequeno círculo. Dentro de *yin,* esse círculo representa *yang;* dentro de *yang, yin.* Isso demonstra que *yin* e *yang* interagem entre si numa sucessão interminável de mudanças. T'ai Chi é o todo que contém "mudanças de peso" cósmicas entre os pólos de vazio, o *yin* imponderável, e o *yang* cheio, sólido, ao mesmo tempo que combina o *yin* que inala e o *yang* que exala no padrão natural da respiração.

Os exercícios baseados no conceito de T'ai Chi ensinam o aluno a alcançar um estado de equilíbrio dinâmico, um estado de totalidade livre e solta que abraça a vacuidade e a plenitude por meio da mudança e do movimento. Nesse estado, o aluno se mantém equilibrado (às vezes imóvel por breves instantes) e todavia sempre pronto a se mover; internamente calmo, com um espírito tranqüilo e silente, e no entanto preparado para reunir num segundo uma torrente de energia tão poderosa quanto um chicote. Na época do combate corpo a corpo, um lutador treinado em T'ai Chi Ch'uan conhecia o "modo globalmente perfeito da suprema cumeeira de lutar sem arma". O filósofo, entretanto, dava valor ao T'ai Chi por uma razão mais elevada: seu poder de conduzir o aluno a uma harmonia perfeita com os grandes modelos da natureza, de reduzir a desarmonia ou atrito entre o indivíduo e o cosmo e assim promover a cura, a saúde, e uma longa vida.

O T'AI CHI CH'UAN NA ÉPOCA ATUAL

Devido à sua enorme reputação como arte marcial e também como caminho para uma longevidade saudável, o T'ai Chi era tratado na velha China como uma posse valiosa. Clãs familiares mantinham-no na própria família. Grandes mestres aceitavam poucos alunos e os treinavam em segredo. Não surpreende, portanto, que a história documentada do T'ai Chi seja de uma data relativamente recente.

A história moderna do T'ai Chi tem início no século XVII com a família Ch'en, uma dinastia de mestres da qual descendem os principais estilos modernos do T'ai Chi — o Ch'en, o Yang e o Wu. O mais famoso dos mestres da família Yang foi Yang Lu-Shan (1800-1873), cuja notoriedade provinha igualmente de sua habilidade e de sua natureza independente. Yang rompeu a tradição ao aceitar alunos não pertencentes ao clã familiar. Em conseqüência, seu estilo de T'ai Chi tornou-se o mais conhecido de todas as variações baseadas nas formas tradicionais. Ainda hoje é esta a modalidade mais popular na China e em outras partes.

O estilo de T'ai Chi apresentado neste livro deriva de Yang Lu-Shan através de apenas quatro gerações: Yang Lu-Shan, o filho mais velho de Yang, Pan-Hou (1837-1892), Wang Cheu-Yeu (1810-1924) e Kuo Lien-Ying (1897-1984). O Mestre Yang Pan-Hou era instrutor de T'ai Chi na família imperial (e somente na família) no final da Dinastia Ching. Wang Cheu-Yeu era seu aluno secreto e sucessor como grande mestre. Kuo Lien-Ying foi escolhido por Wang Cheu-Yeu para suceder-lhe. Assim, o Mestre Kuo, nosso instrutor, foi o grande mestre da quarta geração da escola Yang de T'ai Chi Ch'uan.

Embora tenha ensinado T'ai Chi fora de seu clã, Yang Lu-Shan não abriu suas aulas ao público. Também ele praticava uma arte de elite. A revolução nacionalista na China, todavia, alterou a história do T'ai Chi. A China pós-revolucionária não tinha lugar para as tradições e segredos dos grandes clãs. Assim, a prática do T'ai Chi tornou-se conhecida de um maior número de pessoas. Ao mesmo tempo, o prestígio do T'ai Chi ficou abalado devido à sua ligação com o passado feudal. Em conseqüência da revolução comunista na China, muitos mestres, como meu instrutor Kuo Lien-Ying, que anteriormente havia sido um parlamentar da Mongólia Interior, deixaram a China. O T'ai Chi tornou-se amplamente difundido no exterior.

O PRESTÍGIO DO T'AI CHI

Durante a Revolução Cultural (1966-1976), o T'ai Chi ficou seriamente abalado devido a seus laços com o elitismo da China antiga: não era ensinado nem praticado em público. Atualmente, porém, ele foi redimido e passou a ocupar seu lugar como um tesouro nacional, como a pintura de paisagens ou a caligrafia. O T'ai Chi é praticado diariamente em cidades e vilarejos; as escolas ensinam essa habilidade no país inteiro. Só Beijing, no norte da China, oferece mais de 160 centros. Em 1979-1980, quando o médico americano David Eisenberg estudou medicina tradicional no Instituto de Medicina Chinesa Tradicional de Beijing, um notável membro do quadro do pessoal era o "Velho Chang", o mestre de T'ai Chi do instituto. Calcula-se que cerca de 400 mil pessoas estudaram em centros semelhantes em Cantão (Guanzhou), no sul da China.

COMO APRENDER OS MOVIMENTOS DO T'AI CHI

Os movimentos do T'ai Chi são aqui apresentados em quinze lições, cada uma podendo ser aprendida em quinze minutos. As ilustrações ensinam os movimentos dos braços e pernas separadamente para cada movimento e sua combinação num movimento contínuo. Para estabelecer a ligação necessária à continuidade, as orientações para cada novo movimento começam com o final do movimento anterior. Essa sobreposição o ensinará a ligar os movimentos em seqüência. Para cada conjunto de ilustrações há uma breve descrição destinada a ajudá-lo com os elementos básicos do movimento.

Inicie sua prática diária pelo relaxamento com os exercícios de Ch'i Kung descritos no Capítulo IV. A seguir, faça os movimentos de T'ai Chi apresentados neste capítulo. Depois de praticar suficientemente para aprender os movimentos, o aquecimento com os exercícios de Ch'i Kung feitos uma vez e a série dos movimentos de T'ai Chi feita três vezes necessitarão aproximadamente de dez a quinze minutos. Os doze movimentos do T'ai Chi podem ser feitos, lentamente, em menos de três minutos. Se você fizer a meditação sentada, sua prática ocupará de vinte a vinte e cinco minutos.

Embora o sistema Yang que ensinamos inclua sessenta e quatro movimentos, os primeiros doze contêm a teoria e a prática básicas do conjunto todo. Os benefícios da prática não se ligam a um número específico de formas: um dos tratados de T'ai Chi do século XIX tem o título de *Elucidações sobre a Prática das Treze Posturas*.[3] Os doze movimentos aqui apresentados, portanto, estão próximos de um número clássico de formas. Além disso, realçados pelo nosso método e articulados com a prática dos exercícios de Ch'i Kung, tais movimentos responderão às suas necessidades de boa saúde, paz de espírito e alívio das tensões.

O primeiro movimento de T'ai Chi que você aprenderá é denominado Grande Movimento do T'ai Chi. Embora seja o último movimento da série, nós o ensinamos em primeiro lugar porque quase sempre é o movimento em que os alunos podem pela primeira vez sentir o *ch'i* mover-se em seu corpo. Ele oferece os benefícios principais tanto do T'ai Chi quanto do Ch'i Kung — serenidade, cura e fortalecimento. Recomendamos terminar todas as práticas com ele.

ORIENTAÇÕES PARA A PRÁTICA DIÁRIA

Os aspectos seguintes são constantes em todas as práticas:

Direção: Coloque-se dentro de um retângulo com medidas de aproximadamente 2 x 1,5 m e olhe para a parede. Todos os movimentos devem ser orientados dentro desse retângulo.

Relaxamento: Relaxe sempre o abdome e os ombros e dobre ligeiramente os joelhos. Deixe os ombros caírem; mantenha os joelhos soltos, não-travados. Mãos relaxadas, palmas estendidas, dedos um pouco separados.

Respiração: Respire tranqüila e regularmente. Deixe que os movimentos regulem a respiração. Preste atenção à respiração; não a retenha.

Postura ereta: Mantenha o tronco ereto e olhe diretamente para a frente. (Não se incline para um lado, nem para a frente ou para trás, nem olhe para o assoalho.)

Simetria: A perna direita fica do lado direito do corpo, a perna esquerda do lado esquerdo. Ao dar um passo para a frente ou para trás, não deixe seus pés cruzarem a linha central do corpo.

Transferência de peso: Seu peso está geralmente numa perna por vez. À perna que recebe o peso damos o nome de perna "cheia" e à que está livre, solta, perna "vazia".

Peso distribuído: Às vezes seu peso está em ambas as pernas. Dizemos então "Peso distribuído" ou "Sente-se no meio". "Sente-se no meio" significa dobrar um pouco os joelhos e deixar que as pernas sustentem o corpo como se você estivesse sentado na beira de um banquinho, com as costas retas.

Passo: Mova-se com o mesmo passo lento em todas as formas e movimentos, como se estivesse desenrolando um frágil fio de seda. Esta imagem provém dos escritores tradicionais, e o que eles têm em mente é o fio do casulo da seda.

Intenção: Esteja consciente de cada movimento, e ao aprendê-lo deixe que sua mente o conduza através dele; pense antes e durante a movimentação. Às vezes dizemos "Use a intenção". Isto significa "Deixe a mente dirigir a ação".

Atenção: Esteja atento ao que está fazendo — seu movimento, respiração, relaxamento e distribuição do peso. Monitore o processo todo.

Vestes: Use roupas soltas e sapatos de sola macia, flexível, sem salto.

Prática: Pratique diariamente todos os movimentos aprendidos até esse momento. Pratique-os na sua seqüência por diversas vezes. Não pratique logo após as refeições.

OBSERVAÇÃO SOBRE O APRENDIZADO DOS MOVIMENTOS

Ao ler as instruções e acompanhar as ilustrações correspondentes a cada lição, você perceberá que a maioria começa com uma perspectiva frontal. Siga as instruções relativas à orientação que você deve seguir ao fazer o exercício.

Ao dominar um movimento, siga as instruções ao final da lição para executar em seqüência todos os movimentos aprendidos até esse ponto. Quando tiver dominado todas as lições e as tiver executado em ordem, você terá completado um giro no sentido anti-horário.

As fotografias do Mestre Lee no início de cada lição mostram as posições inicial e final de cada movimento.

LIÇÃO

1

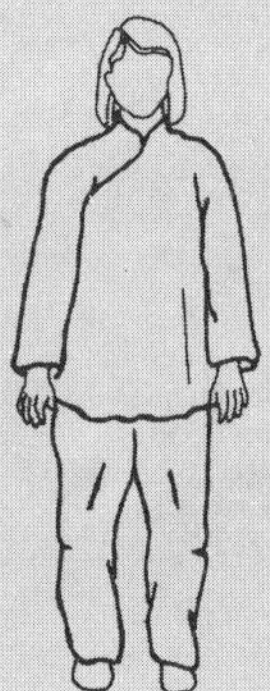

POSIÇÃO DE PREPARAÇÃO E GRANDE MOVIMENTO DO T'AI CHI

Posição de Preparação

Ao adotar esta posição, você prepara sua mente e seu corpo para todos os movimentos do T'ai Chi. Permanecendo nessa postura de equilíbrio, você relaxa o seu corpo e acalma a sua mente. Use sua intenção mental para "baixar" a energia ao abdome e às pernas e deixar que todo o seu peso desça às pernas. Faça isso antes de cada movimento.

- De pé. Pés paralelos e distanciados um do outro pela largura dos ombros. Mantenha o peso bem distribuído entre as duas pernas, joelhos soltos. Deixe os braços caírem ao longo do corpo, ligeiramente afastados.
- Respire tranqüilamente, com todo o seu corpo relaxado. Isso irá prepará-lo mentalmente para o T'ai Chi.
- Sinta calmamente que seu peso se desloca para os pés.

O GRANDE MOVIMENTO DO T'AI CHI

Em geral, este movimento é feito no final de uma seqüência de movimentos do T'ai Chi. Devido à sua eficácia em dirigir o *ch'i* livremente a todas as partes do corpo, orientamos nossos alunos a praticá-lo ao concluírem cada novo movimento que aprendem. Depois de aprendidos os doze movimentos, este será o último a ser executado. Para realizar este movimento de acordo com o Ch'i Kung, preste atenção à sua respiração. Ao aprender o movimento, assegure-se de que respira naturalmente. Depois de dominar o movimento, utilize sua intenção mental para "respirar de corpo inteiro" enquanto levanta os braços. Ao baixar os braços em frente ao corpo, preste atenção à sensação do fluxo do *ch'i*. Respire tantas vezes quantas achar necessário durante a execução. Este movimento usa as palmas das mãos para dirigir o fluxo do *ch'i* de modo eqüitativo a todas as partes do corpo.

Durante a prática deste movimento, mantenha todo o seu corpo relaxado. Você deve sentir uma onda de calor fluindo da cabeça aos pés, uma sensação de formigamento na palma das mãos e de uma coluna de ar quente no peito. Visto que este movimento ajuda na redução da tensão e na promoção da cura, ele é utilizado para finalizar cada etapa da prática. Em geral, é através deste movimento que nossos alunos sentem o fluxo do *ch'i* pela primeira vez. Esperamos que isso aconteça também com você. Entretanto, mesmo que não sinta o *ch'i* fluir, você terá uma sensação de bem-estar geral — dos pés à cabeça, interior e exteriormente, física e mentalmente. Sempre que se sentir tenso, simplesmente levante-se e execute algumas vezes o *Grande Movimento*. Isso fará com que você reduza a tensão e revigore seu corpo imediatamente. Como seguidamente dizemos a nossos alunos, se você dispõe de apenas trinta segundos, este é o movimento que deve praticar. Se preferir, pode fazer o exercício com os olhos fechados.

Seqüência do Grande Movimento do T'ai Chi

1-A Fique de pé na *Posição de Preparação.* Dobre levemente os joelhos e eleve os braços lateralmente em arco, formando um grande círculo.

1-B Leve os braços até a altura dos ombros, cotovelos ligeiramente dobrados, com as palmas voltadas uma para a outra à altura do peito.

1-C Eleve ambas as mãos à altura do rosto, braços em círculo, palmas voltadas para dentro, não se tocando, dedos um pouco separados.

1-D Abaixe lentamente as mãos em frente ao corpo, braços em círculo, palmas voltadas para baixo. Endireite os joelhos.

1-E Recoloque os braços ao lado do corpo lentamente, palmas para baixo.

Verifique:

- Mova os braços com o mesmo ritmo e mantenha-os à mesma altura.
- Peso uniformemente distribuído em ambas as pernas.
- Pés paralelos.
- Joelhos levemente flectidos.
- Respiração regular, com todo o corpo relaxado.
- Olhar diretamente à frente.

Pratique o *Grande Movimento* quatro vezes, lentamente.

LIÇÃO

2

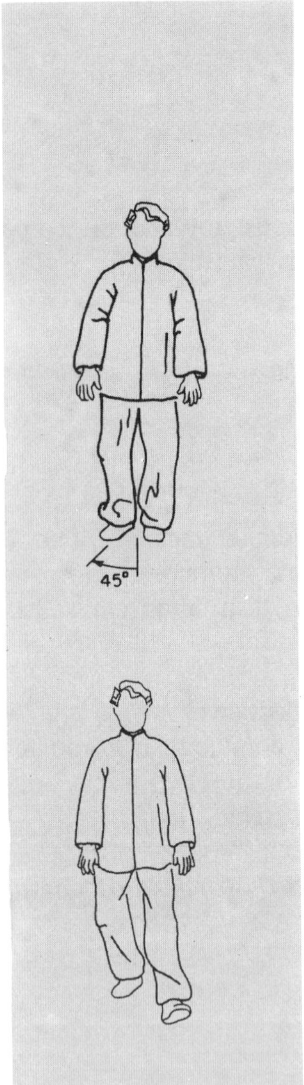

POSIÇÃO DE UMA PERNA CHEIA E POSIÇÃO DE DUAS PERNAS CHEIAS

Estas duas posições básicas ilustram a transferência de peso que ocorre na maioria dos movimentos do T'ai Chi. Essas posições estimulam o fluxo do *ch'i,* fortalecem os músculos das pernas e da região lombar e aperfeiçoam o equilíbrio, a postura e a estabilidade do corpo. Depois de praticar esses movimentos, sacuda as pernas devagar para ter a certeza de que seus músculos se soltaram.

Posição da Perna Direita Cheia

2-A A partir da *Posição de Preparação,* volte-se para a direção que deseja. Dobre ligeiramente os joelhos e gire o pé direito para fora a 45°.

2-B Desloque o peso para a perna direita. Mova o pé esquerdo à frente, calcanhar no chão, ponta do pé para cima (45° afastada do chão), joelho esticado. Sinta seu peso descer para o pé direito.

Verifique:

- Se você sentir desconforto na perna direita, dobre-a um pouco menos.
- Se a perna esquerda não estiver vazia, mova-a para mais perto de si.
- Se você não se sentir equilibrado, assegure-se de que a perna esquerda esteja diretamente à frente do quadril.

Posição da Perna Esquerda Cheia

2-C A partir da *Posição de Preparação,* volte-se para a direção que desejar. Dobre ligeiramente os joelhos e gire o pé esquerdo para fora a 45°.

2-D Desloque o peso para a perna esquerda. Mova o pé direito à frente, calcanhar no chão, dedos para cima (45° afastados do chão), joelho esticado. Sinta seu peso descer para o pé esquerdo.

Verifique:

- Se você sentir desconforto na perna esquerda, dobre-a um pouco menos.
- Se a perna direita não estiver vazia, mova-a para mais perto de si.
- Se você não se sentir equilibrado, assegure-se de que a perna direita esteja diretamente à frente do seu quadril.

Primeiro adote a *Posição da Perna Direita Cheia* quatro vezes (permaneça pelo tempo que se sentir confortável). Após cada posição, sacuda as pernas devagar. Faça o mesmo com a *Posição da Perna Esquerda Cheia.* Faça essa seqüência quatro vezes.

Posição das Duas Pernas Cheias

Esta é a posição básica para desenvolver a sensação de estabilidade e centramento. É a posição de pernas tomada em movimentos em que os braços empurram ou golpeiam. Ao empurrar ou golpear, faça isso com todo o seu corpo. Faça mentalmente a ligação entre pernas e braços. Se você relaxa as pernas e se "senta" nelas, dividindo igualmente o peso entre ambas, elas se tornam firme e solidamente alicerçadas. Você pode sentir essa firmeza simplesmente pressionando-as com o dedo.

A *Posição das Duas Pernas Cheias* deve ser feita antes com a perna direita à frente, seguindo as instruções abaixo. Em seguida execute o exercício começando com a perna esquerda à frente.

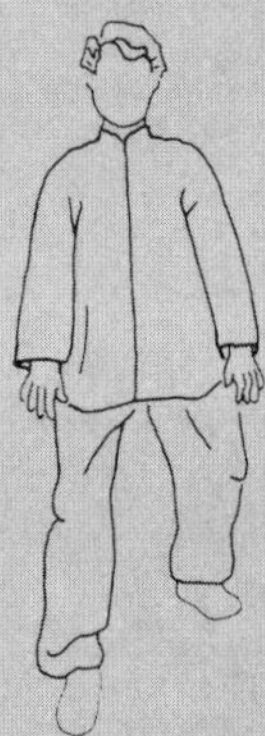

2-E Inicie com a *Posição de Preparação;* em seguida, desloque o peso para a perna esquerda, girando o pé esquerdo para fora a 45°. Torne a perna direita vazia, elevando ligeiramente o pé do chão.

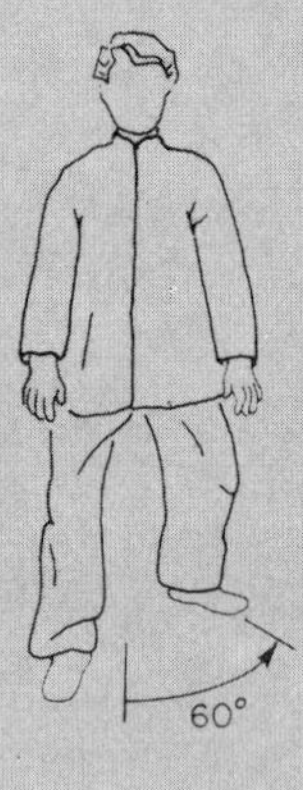

2-F Dê um passo à frente com a perna direita, pé diretamente à frente do quadril, dedos apontando para a frente.

2-G Gire o pé esquerdo um pouco mais para fora (60°). Dobre ligeiramente os joelhos, sentando-se no meio, com o peso nas duas pernas.

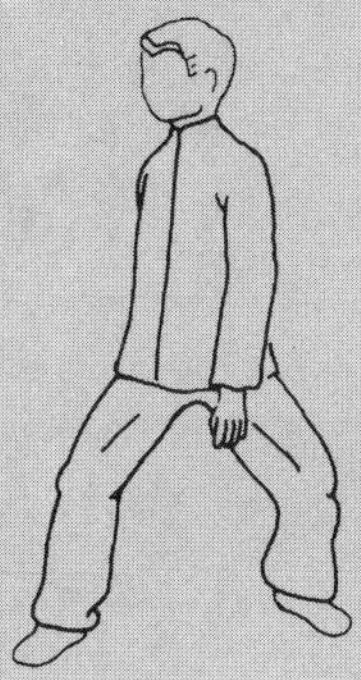

Visão de lado de 2-G.

Verifique:

- Corpo voltado para a frente.
- O joelho do pé dianteiro é ligeiramente flexionado à frente e o joelho do pé traseiro é levemente dobrado para fora.
- Se você não se sentir confortável, assegure-se de que o corpo esteja centrado, os joelhos igualmente flectidos, um pé diretamente à frente do quadril e o outro num ângulo de 60° para fora.
- Os ombros e os quadris devem estar voltados para a frente, com os braços relaxados ao longo do corpo.
- Olhe diretamente para a frente.
- Joelhos e pernas relaxados.

Permaneça nessa posição pelo tempo que se sentir à vontade. Repita a posição com a perna esquerda à frente. Faça essa seqüência de posições quatro vezes, sacudindo as pernas suavemente após cada posição.

LIÇÃO

3

REVERENCIANDO A HUMANIDADE

Este primeiro movimento do T'ai Chi é um gesto simbólico para mostrar respeito à humanidade. Para realizar este movimento de acordo com o Ch'i Kung, ao executá-lo você deve prestar atenção à respiração. Após dominá-lo, ao elevar os braços preste atenção à inspiração. Ao unir as mãos para formar um círculo, preste atenção à expiração. Enquanto executa o movimento, respire tantas vezes quantas necessitar para sentir-se confortável e relaxado. O fluxo do *ch'i* será diferente em cada perna, conforme ela esteja cheia ou vazia.

Movimento dos braços

3-A Braços ao lado do corpo, palmas para dentro, ombros soltos.

3-B Lentamente, eleve ambos os braços lateralmente ao corpo, formando um arco.

3-C Forme um círculo com os braços diante do peito, a mão esquerda mais à frente, a direita mais atrás. A mão direita "corta" a palma esquerda sem tocá-la.

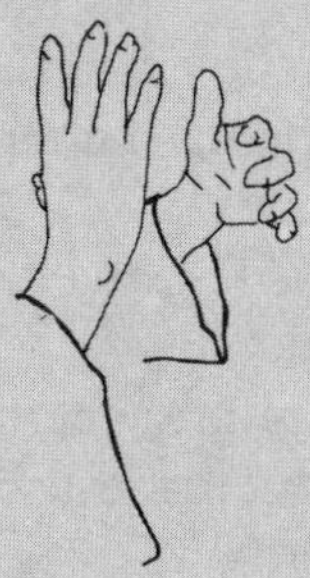

Detalhe da posição das mãos para 3-C.

Verifique:

- Corpo voltado para a parede em frente.
- A mão direita "corta" a esquerda.
- Ombros caídos, relaxados.
- Cotovelos à mesma altura.
- Olhar à frente; respiração tranqüila.

Repita a seqüência de braços (3-A a 3-C) quatro vezes lentamente, ou até memorizá-la.

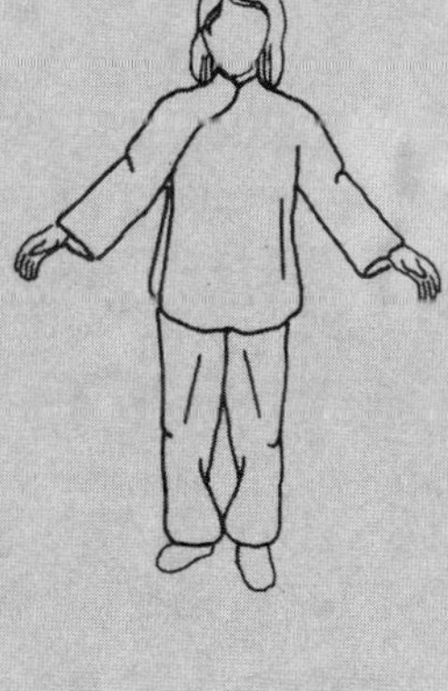

Movimento das pernas

3-D Volte-se para a parede em frente e na *Posição de Preparação.* Dobre ligeiramente os joelhos. Vire o pé direito para fora a 45°.

3-E Desloque o peso para a perna direita. Mova o pé esquerdo para a frente, calcanhar no chão, dedos para cima (45° distanciados do chão), joelhos estendidos mas não travados. Sinta o peso descer somente para a perna direita.

Verifique:

- Corpo voltado para a parede em frente.
- Se você sentir desconforto na perna direita, dobre-a um pouco menos.
- Se a perna esquerda não estiver vazia, mova-a para mais perto de si.
- Se se sentir fora de equilíbrio, certifique-se de que sua perna esquerda esteja diretamente à frente do quadril.

Repita a seqüência das pernas (3-D a 3-E) quatro vezes ou até que a tenha memorizado.

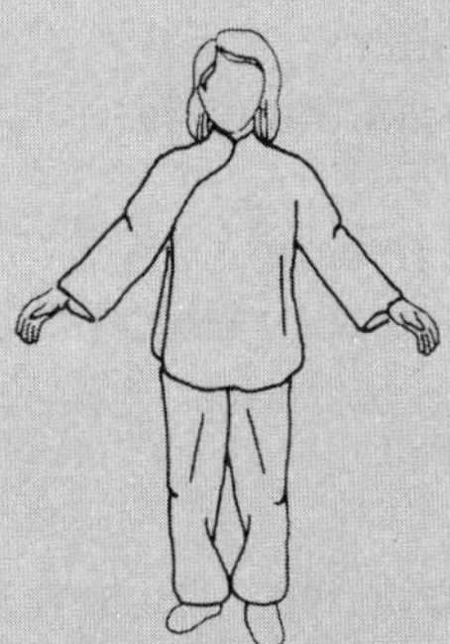

Movimentos conjuntos de braços e pernas

3-F Dobre ligeiramente os joelhos. Fique na *Posição de Preparação,* voltado para a parede em frente. Gire o pé direito para fora a 45°. Transfira o peso para a perna direita. Lentamente, eleve os braços em movimento lateral.

3-G Lentamente, mova o pé esquerdo à frente, calcanhar no chão, dedos elevados (45°), e levante os braços de modo a formar um círculo diante do peito.

Verifique:

- Corpo voltado para a parede em frente.
- Perna direita cheia, perna esquerda vazia.
- Pé direito voltado para fora a 45°.
- Pé esquerdo sobre o calcanhar, dedos levantados (45° afastados do chão).
- Se você sentir desconforto na perna direita, flexione-a menos.
- Se a perna esquerda não estiver vazia, mova-a para mais perto de si.
- Se se sentir em desequilíbrio, certifique-se de que sua perna esquerda esteja diretamente à frente do quadril.
- Respiração regular, com todo o corpo relaxado.

Para terminar o movimento, aproxime o calcanhar esquerdo do direito e leve o pé direito em paralelo com o esquerdo. Execute o *Grande Movimento.*

Repita 3-F e 3 G quatro vezes ou até memorizá-los. Sacuda as pernas depois de cada repetição.

Pratique desde o começo (3-F a 3-G) e termine com o *Grande Movimento* (1-A a 1-E) várias vezes. Sacuda as pernas com suavidade ao final de cada repetição.

LIÇÃO

4

AGARRAR A CAUDA DO PÁSSARO (PRIMEIRA PARTE)

A primeira parte deste movimento simboliza o ato de puxar o braço do oponente para a esquerda como se fosse agarrar a cauda de um pássaro.

Na primeira metade do movimento, ao começar a baixar os braços, preste atenção à inspiração. Quando as mãos estiverem embaixo, preste atenção à expiração. O objetivo é trazer sua energia para mais perto de si. Sua atenção dirige-se para o relaxamento dos pulsos, dos braços e dos ombros. Ao baixar ambas as mãos à esquerda (agarrando a cauda do pássaro), você pode sentir o *ch'i* entre as palmas das mãos.

Movimento dos braços

4-A Posicione os braços na postura final do *Reverenciando a Humanidade* (3-G).

4-B Leve lentamente ambas as mãos para o lado esquerdo do corpo.

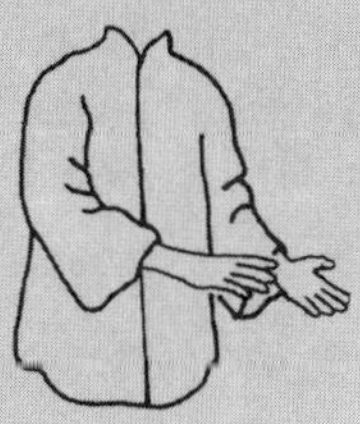

4-C Baixe as mãos à altura da cintura, do lado esquerdo, cotovelos flectidos, palma direita para baixo, palma esquerda para cima, mão direita ligeiramente à frente e acima da mão esquerda.

Verifique:

- Mãos no nível da cintura, palmas abertas com a esquerda para cima e a direita para baixo.
- Dedos um pouco separados e apontando para a parede em frente.
- Cotovelos dobrados.
- Pulsos e ombros soltos.

Repita a seqüência dos movimentos (4-A a 4-C) quatro vezes ou até memorizá-la.

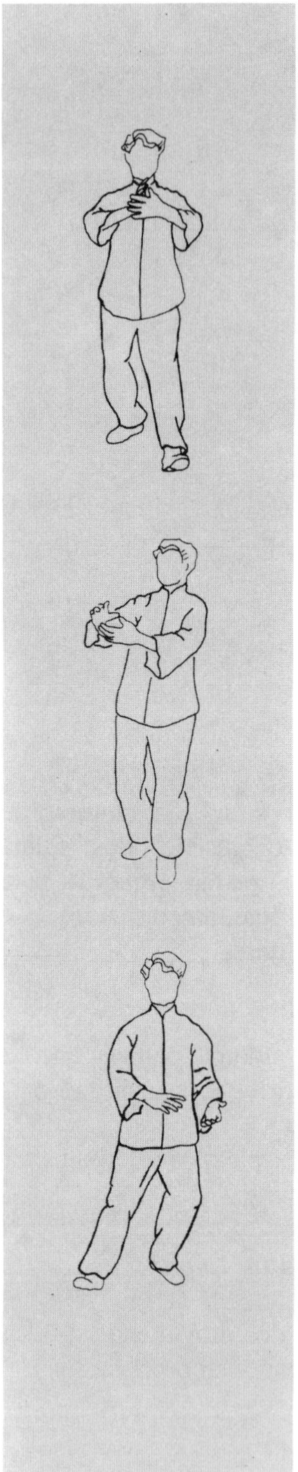

Movimento das pernas

4-D Fique na posição de pernas final do *Reverenciando a Humanidade* (3-G), voltado para a parede em frente.

4-E Gire o corpo para o canto direito e comece a dar um passo para trás levando o calcanhar esquerdo de encontro ao calcanhar direito, mantendo o pé esquerdo junto ao chão e com a ponta voltada diretamente para a frente, com o peso na perna direita.

4-F Recue com o pé esquerdo. Desloque o peso para a perna esquerda, joelho dobrado, ponta do pé voltada para fora (45°). A perna direita está vazia e descansa sobre o calcanhar, a ponta do pé para cima (45° do chão).

Verifique:

- Corpo voltado para o canto direito.
- Se sentir desconforto na perna esquerda, reduza a sua flexão.
- Se a perna direita não estiver vazia, tragaa para mais perto de si.
- Se se sentir fora de equilíbrio, certifiquese de que sua perna direita esteja à frente do quadril.

Repita de 4-D a 4-F quatro vezes ou até que os tenha memorizado. Sacuda as pernas após cada seqüência.

Movimentos conjuntos de braços e pernas

4-G Adote a posição final do *Reverenciando a Humanidade* (3-G), voltado para a parede em frente.

4-H Gire o corpo para o canto direito, mantendo os braços em círculo. Comece a recuar com o calcanhar esquerdo, mantendo o pé junto ao chão e a ponta do pé direcionada para a parede em frente.

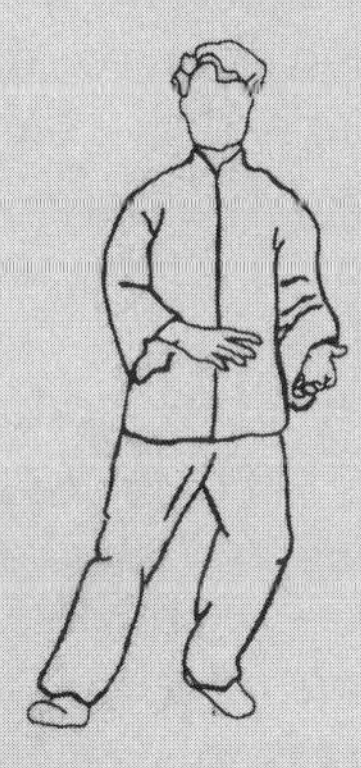

4-I Recue com o pé esquerdo, deslocando o peso para a perna esquerda. Leve ambas as mãos lentamente para a esquerda, a palma direita para baixo, a esquerda para cima. Peso na perna esquerda, perna direita vazia. O pé direito descansa sobre o calcanhar, a ponta do pé voltada para cima (a 45° do solo).

Verifique:

- Inicie voltado para a parede em frente; finalize olhando para o canto direito.
- Comece com o peso na perna direita; termine com o peso na perna esquerda.
- Se sentir desconforto na perna esquerda, reduza sua flexão.
- Se a perna direita não estiver vazia, tragaa para mais perto de si.
- Se se sentir fora de equilíbrio, certifique-se de que sua perna direita esteja diretamente à frente do quadril.
- Mãos à altura da cintura, palmas abertas, com a esquerda voltada para cima e a direita para baixo.
- Dedos ligeiramente separados e apontando para a parede em frente.
- Cotovelos dobrados.
- Pulsos e ombros soltos.
- Respire regularmente, com todo o corpo relaxado.

Para terminar o movimento, leve o calcanhar direito para perto do esquerdo e coloque o pé esquerdo em paralelo com o direito. Repita a seqüência (4-G a 4-I) e execute o *Grande Movimento* (1-A a 1-E) quatro vezes lentamente. Sacuda as pernas delicadamente depois de cada movimento.

Pratique do início ao fim todos os movimentos aprendidos até aqui — *Reverenciando a Humanidade* e *Agarrar a Cauda do Pássaro, Primeira Parte* — e finalize executando o *Grande Movimento* pelo menos duas vezes. Sacuda as pernas suavemente ao final de cada seqüência.

LIÇÃO

5

AGARRAR A CAUDA DO PÁSSARO (SEGUNDA PARTE)

Este movimento representa o ato de empurrar o oponente para longe, à frente.

Na segunda parte do *Agarrar a Cauda do Pássaro,* ao elevar as mãos, preste atenção à inspiração. Se fizer uso de sua intenção para recolher o *ch'i,* você deve sentir uma "bola" de ar quente entre as palmas das mãos e seu corpo. Se mantiver os braços e pernas relaxados, enquanto empurra, você deverá sentir o seu *ch'i* como uma onda de calor fluindo de seu corpo para as palmas das mãos e os pés.

Movimento dos braços

5-A Posicione as mãos na postura final do *Agarrar a Cauda do Pássaro, Primeira Parte* (4-I).

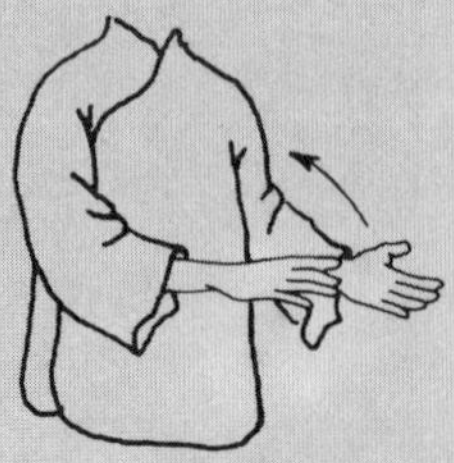

5-B Eleve lentamente as mãos, mantendo os cotovelos flexionados.

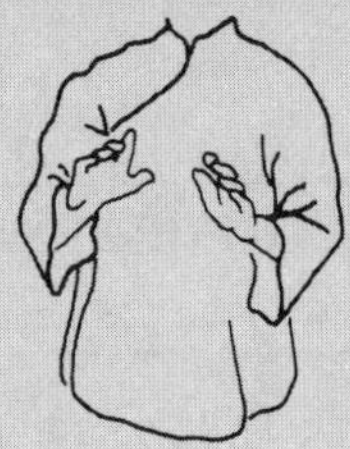

5-C Leve as mãos à frente do peito, palmas para fora.

5-D Empurre à frente (com ambas as mãos).

Verifique:

- Corpo voltado para o canto direito.
- Braços quase totalmente estendidos (cotovelos ligeiramente flectidos), ambas as mãos à mesma distância do corpo.

Repita de 5-A a 5-D quatro vezes ou até ter memorizado a seqüência.

Movimento das pernas

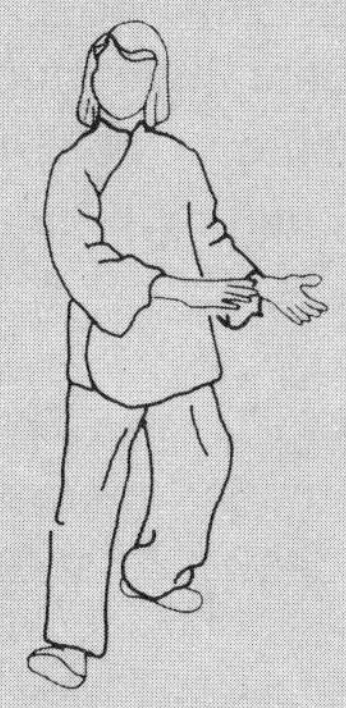

5-E Adote a posição final do *Agarrar a Cauda do Pássaro, Primeira Parte* (4-F), voltado para o canto direito.

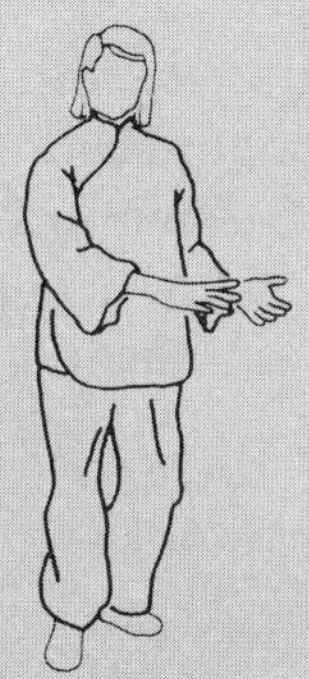

5-F Leve o calcanhar direito para junto do esquerdo.

5-G Dê um passo à frente com o pé direito diretamente à frente do quadril, a ponta do pé apontando para a frente.

5-H Mova o pé esquerdo um pouco mais para fora (a 60°). Dobre ligeiramente os joelhos, sentando no meio, com o peso uniformemente distribuído em ambas as pernas.

Repita os movimentos 5-E a 5-H quatro vezes ou até que os tenha memorizado. Sacuda as pernas delicadamente após cada movimento.

Verifique:

- Corpo voltado para o canto direito.
- Se você se sentir desconfortável, certifique-se de que seu corpo esteja centrado, os joelhos levemente flectidos e o pé direito diretamente à frente do quadril.

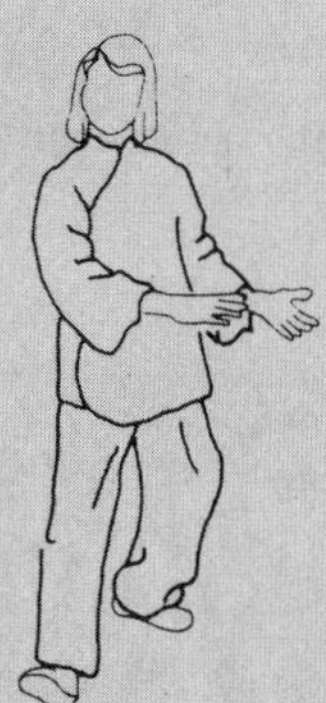

Movimentos conjuntos dos braços e pernas

5-I Fique na posição final do *Agarrar a Cauda do Pássaro, Primeira Parte* (4-I), voltado para o canto direito.

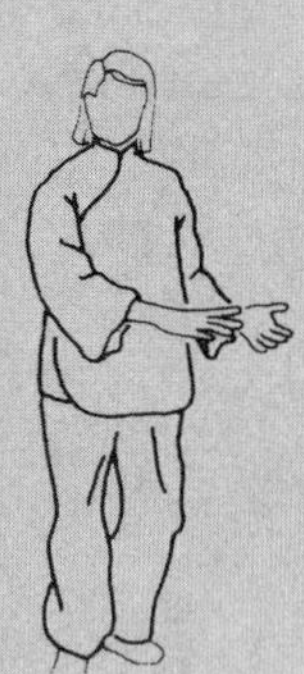

5-J Leve o calcanhar direito para junto do esquerdo, elevando lentamente as mãos, cotovelos dobrados.

5-K Dê um passo à frente com o pé direito, levando as mãos ao peito, palmas voltadas para fora.

5-L Sente-se no meio, girando o pé esquerdo para fora (60°), e empurre para a frente, joelhos ligeiramente flectidos.

Verifique:

- Corpo voltado para o canto direito, peso bem distribuído, ambas as pernas cheias, corpo ereto.
- Respire regularmente, com todo o corpo relaxado, a mente tranqüila, certificando-se de que está confortável.

Para terminar o movimento, aproxime o calcanhar direito do esquerdo, pés paralelos, calcanhares não se tocando. Execute o *Grande Movimento* (1-A a 1-E).

Repita a seqüência (5-I a 5-L) quatro vezes, lentamente, e finalize com o *Grande Movimento*. Sacuda as pernas suavemente após cada movimento.

Pratique do início ao fim os movimentos aprendidos até este ponto (3-F a 5-L) e termine com o *Grande Movimento* (1-A a 1-E) pelo menos duas vezes. Sacuda as pernas ao final de cada seqüência.

LIÇÃO

6

CHICOTE SIMPLES

Este movimento representa o ato de empurrar um adversário com o braço esquerdo estendido. Ao levar suas mãos para perto do peito (primeira parte do movimento), preste atenção à inalação. Se utilizar sua intenção para reunir o *ch'i*, você sentirá uma "bola" de ar quente na frente do seu corpo. Ao mover os braços para fora num movimento em arco (segunda parte deste movimento), preste atenção à expiração.

Movimento dos braços (Primeira Parte)

6-A Coloque os braços na última posição do *Agarrar a Cauda do Pássaro* (5-L), voltado para o canto direito.

6-B Dobre os cotovelos, levando as mãos para mais perto do peito.

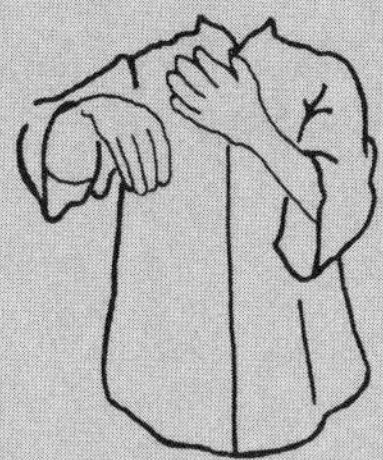

6-C Gire a palma esquerda na direção do peito e a direita para baixo, com o pulso solto. O polegar e os demais dedos da mão direita pendem juntos, formando como que um bico. Deixe o pulso direito cair.

Verifique:

- Cotovelos flectidos, braços sem tocar o corpo.
- Cotovelos na mesma altura.
- Relaxe o pulso direito.

Movimento dos braços (Segunda Parte)

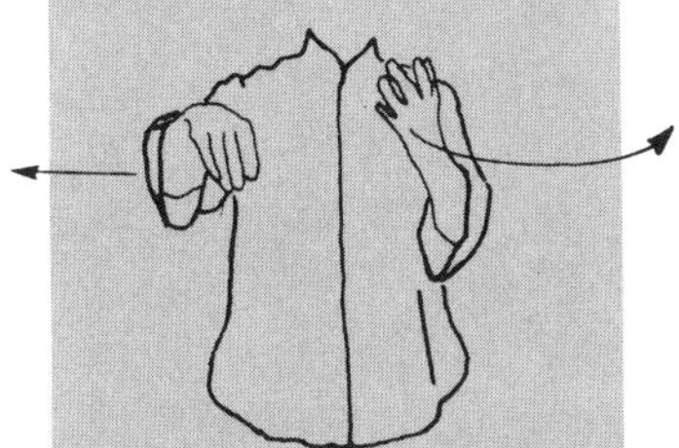

6-D Movimente os braços para fora, em arco, sem levantar os cotovelos. Vire a palma esquerda para o peito, mantendo a mão direita em bico.

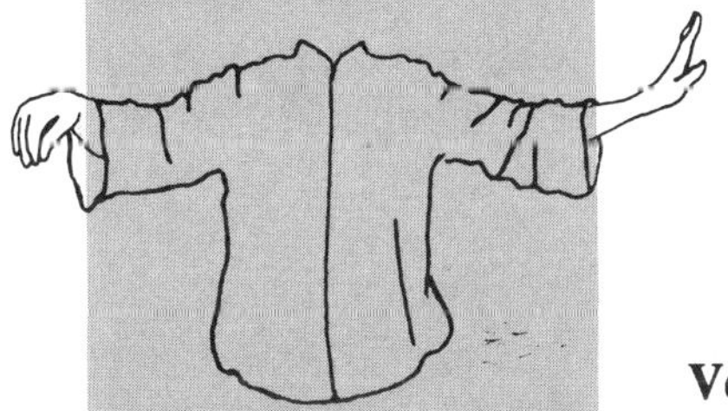

6-E Quando os braços estiverem quase totalmente estendidos, vire a palma esquerda para o lado de fora e empurre suavemente na direção da parede esquerda. Curve ligeiramente o braço direito, pulso solto.

Verifique:

- Braços quase totalmente estendidos, formando um grande arco com os ombros.
- Pescoço, ombros, braços e pulsos relaxados.

Repita a seqüência de movimentos (6-A a 6-E) quatro vezes ou até memorizá-la.

Movimento das pernas (Primeira Parte)

6-F Fique na última posição de pernas do *Agarrar a Cauda do Pássaro* (5-L), voltado para o canto direito.

6-G Vire o pé direito de modo que este fique voltado para a parede em frente, deslocando o peso para a perna direita.

6-H Leve a ponta do pé esquerdo para junto do arco longitudinal interno do pé direito.

Verifique:

- Comece voltado para o canto direito; termine voltado para a frente.
- Transfira o peso do ato de sentar-se no meio para a perna direita.

Movimento das pernas (Segunda Parte)

6-I Com o pé esquerdo, dê um passo em direção à parede esquerda. O pé direito, imóvel, aponta para a parede em frente. O pé esquerdo aponta para a parede esquerda, com o calcanhar esquerdo alinhado com o direito.

6-J Dobre os joelhos, sentando no meio confortavelmente com o peso uniformemente distribuído em ambas as pernas.

Verifique:

- Comece com a perna direita cheia; termine com ambas as pernas cheias.
- Joelhos dobrados de modo igual.
- Ambas as pernas relaxadas.

Repita a seqüência de movimentos de 6-F a 6-J quatro vezes lentamente ou até que a tenha memorizado. Sacuda as pernas depois de cada seqüência.

Movimentos conjuntos de braços e pernas

6-K Inicie na posição final do *Agarrar a Cauda do Pássaro* (5-L), voltado para o canto direito.

6-L Vire o pé direito para que fique voltado para a parede em frente, deslocando o peso para a perna direita. Gire o corpo voltando-o para a parede em frente e leve os braços à frente, cotovelos ligeiramente dobrados.

6-M Leve a ponta do pé esquerdo em paralelo com o arco longitudinal interno do pé direito. Volte a palma esquerda para o rosto e a direita para baixo, dedos em bico, pulso pendente.

6-N Dê um passo na direção da parede esquerda com o pé esquerdo, movendo os braços lateralmente em arco.

6-O Quando o braço esquerdo estiver na frente do ombro esquerdo, empurre suavemente para a frente, palma para fora, girando a cabeça para olhar à esquerda. Sente-se no meio, peso igualmente distribuído entre ambas as pernas.

Verifique:

- Comece com o corpo voltado para o canto direito; termine voltado para a parede em frente.
- Transferência de peso: comece com ambas as pernas cheias; passe para a perna direita cheia; termine com ambas as pernas cheias.
- O pé esquerdo aponta para a parede esquerda, o pé direito para a parede em frente.
- Braços quase totalmente estendidos, cotovelos ligeiramente dobrados.
- Arqueie o braço direito um pouco à frente.
- Se se sentir desconfortável, verifique se o seu corpo está centrado e se os joelhos estão igualmente flectidos.
- Ambas as mãos se estendem de modo igual na mesma altura.
- O calcanhar esquerdo se alinha com o direito ao longo de uma linha paralela à parede da frente.
- Relaxe o pescoço, os ombros, os braços e os pulsos.

Para terminar o movimento, gire o corpo na direção da parede esquerda. Aproxime o calcanhar direito do esquerdo, sem que se toquem. Continue com o *Grande Movimento.*

Repita lentamente a seqüência de movimentos de 6-K a 6-O, quatro vezes ou até que a tenha memorizado. Sacuda as pernas depois de cada seqüência.

Pratique várias vezes, do começo ao fim, todos os movimentos aprendidos até aqui, começando com o *Reverenciando a Humanidade* e terminando com o *Grande Movimento.* Sacuda as pernas suavemente ao final de cada seqüência.

LIÇÃO

7

GARÇA BRANCA ESTENDE AS ASAS

Este movimento simboliza o ato de golpear um oponente com o cotovelo direito. Você levanta o cotovelo direito de modo tão gracioso quanto um pássaro equilibrando-se sobre uma só perna e estendendo as asas.

Na primeira parte, enquanto gira o corpo e move o pé direito para a frente, preste atenção à inalação. Concentre-se no ato de dirigir sua energia *ch'i* para a frente com seu braço direito e de empurrá-la na direção do chão com o braço esquerdo. Se mantiver os braços e as pernas relaxados, você poderá sentir uma onda de ar quente envolvendo-o e estendendo-se de seus braços ao chão.

Na segunda parte deste movimento, enquanto dá um passo para o lado com o pé direito, preste atenção na exalação. Ao movimentar o cotovelo direito para o lado e o esquerdo para trás, você deve sentir uma onda de ar quente movendo-se ao seu redor da frente para trás.

Movimento dos braços (Primeira Parte)

7-A Coloque os braços na posição final do *Chicote Simples* (6-O).

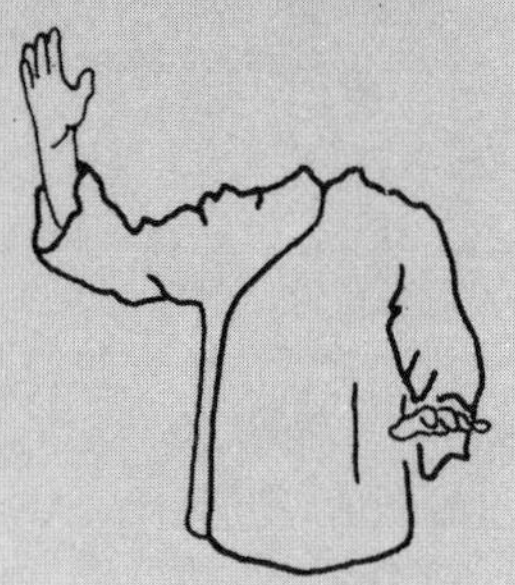

7-B Flexione os cotovelos, levantando o braço direito à frente do ombro direito e baixando o braço esquerdo até a cintura.

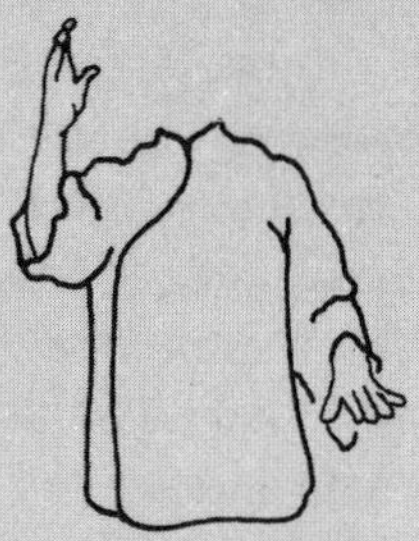

7-C Mova a mão direita ligeiramente à frente com a lateral da mão voltada para a frente. Empurre delicadamente para baixo com a mão esquerda, mantendo a mão na altura da cintura, palma para baixo.

Verifique:

- Dedos separados.
- Mãos e pulsos soltos.
- Palma esquerda no nível da cintura.
- Ombros relaxados.
- Cotovelo direito para baixo.

Movimento dos braços (Segunda Parte)

7-D Mova o cotovelo direito para o lado direito, levando a mão direita para mais perto do corpo. Vire a palma direita para baixo, à altura do peito, paralelamente ao chão. Mova o cotovelo esquerdo ligeiramente para a frente.

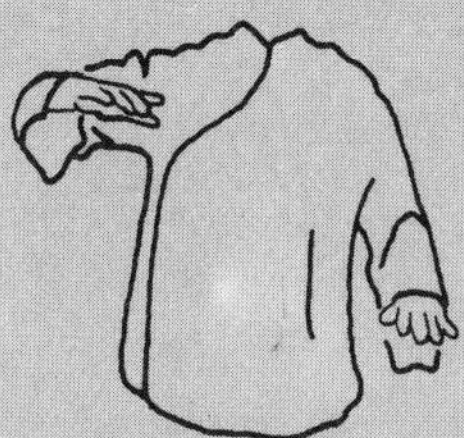

7-E Mantendo o braço direito ao nível do peito, mova o cotovelo direito para a direita. Leve o cotovelo esquerdo ligeiramente para trás, pressionando para baixo suavemente com a mão esquerda, à altura da cintura.

Verifique:
- Cotovelo direito, na altura do ombro, apontando para a parede em frente (à sua direita).
- Mão direita à frente do peito, dedos levemente separados.
- Cotovelo esquerdo apontando para trás, ligeiramente afastado do corpo.
- Mão esquerda no nível da cintura, palma para baixo, dedos separados.

Repita a seqüência de movimentos (7-A a 7-E) quatro vezes ou até que os tenha memorizado.

Movimento das pernas (Primeira Parte)

7-F Assuma a posição final do movimento de perna *Chicote Simples* (6-O), com o corpo voltado para a parede em frente.

7-G Vire ambos os pés para a esquerda, a 45°, girando sobre os calcanhares e mantendo os joelhos ligeiramente dobrados. Gire o corpo na direção da parede esquerda.

7-H Transfira o peso para a perna esquerda. Mova o pé direito para a frente em linha com o quadril direito, a cabeça do primeiro osso metatársico no chão, o calcanhar ligeiramente levantado.

Verifique:

- Perna esquerda cheia, pé voltado para fora a 45°.
- Perna direita vazia, pé paralelo à parede em frente, calcanhar levantado.
- Perna direita à direita do corpo, pé apontando para a frente.
- Se sentir desconforto na perna esquerda, reduza sua flexão.
- Se a perna direita não estiver vazia, mova-a para mais perto de si e levante ligeiramente o joelho.
- Se se sentir fora de equilíbrio, assegure-se de que sua perna direita esteja diretamente em frente do quadril e a esquerda virada para fora a 45°.

Movimento das pernas (Segunda Parte)

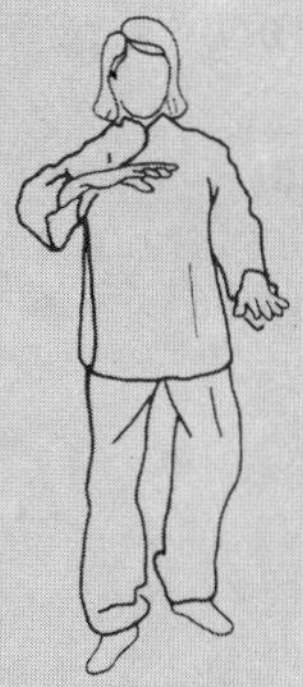

7-I Comece na posição final de 7-H. Leve o calcanhar direito para junto do esquerdo e dê um passo à direita, a ponta do pé direcionada para fora a 45°, e transfira o peso para a perna direita.

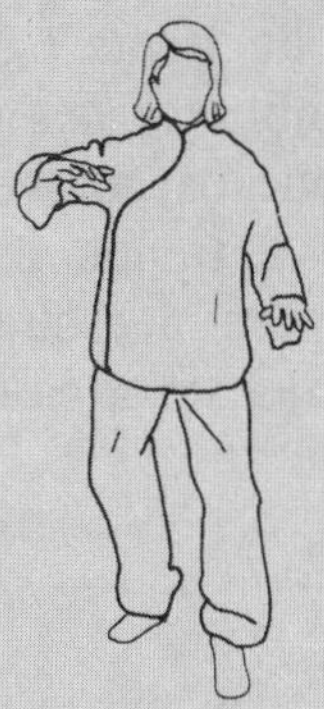

7-J Mova o pé esquerdo para a frente, apontando diretamente para a frente (na direção da parede esquerda), apoiado sobre a cabeça do primeiro osso metatársico, calcanhar levantado, paralelo à parede em frente, perna esquerda vazia.

Verifique:

- Fique voltado para a parede esquerda.
- Perna direita cheia, pé virado para fora a 45°.
- Perna esquerda vazia, pé paralelo à parede em frente, calcanhar levantado.
- Perna esquerda ao lado esquerdo do corpo, pé voltado para a frente.
- Se sentir desconforto na perna direita, reduza sua flexão.
- Se a perna esquerda não estiver vazia, mova-a para mais perto de si e levante ligeiramente o joelho.
- Se se sentir em desequilíbrio, assegure-se de que sua perna esquerda esteja diretamente à frente do quadril e o pé direito voltado para fora a 45°.

Repita a seqüência de movimentos 7-F a 7-J quatro vezes ou até que a tenha memorizado. Sacuda as pernas ao final de cada seqüência.

Movimentos conjuntos de braços e pernas

7-K Adote a posição final do *Chicote Simples* (7-O), empurrando contra a parede esquerda com o braço esquerdo.

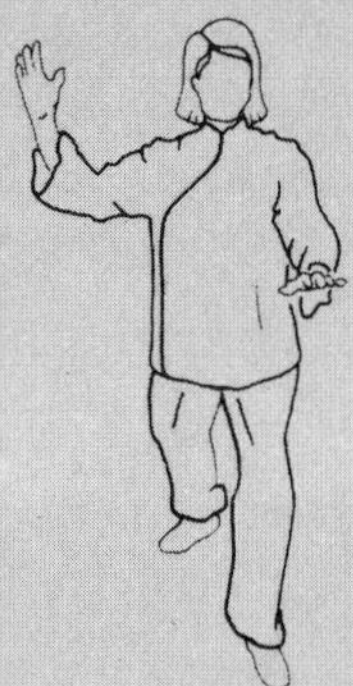

7-L Gire o corpo para ficar de frente para a parede esquerda. Vire ambos os pés para a esquerda a 45°. Flexione os cotovelos, levando o braço direito à frente, dedos abertos, palma voltada para a esquerda, baixando o braço esquerdo até a cintura, palma para baixo.

7-M Transfira o peso para a perna esquerda. Comece a avançar com o pé direito, mantendo o pé junto ao chão. Apóie-se sobre a cabeça do primeiro osso metatársico, calcanhar ligeiramente levantado. Mova a mão direita um pouco para a frente, com a lateral voltada para a frente.

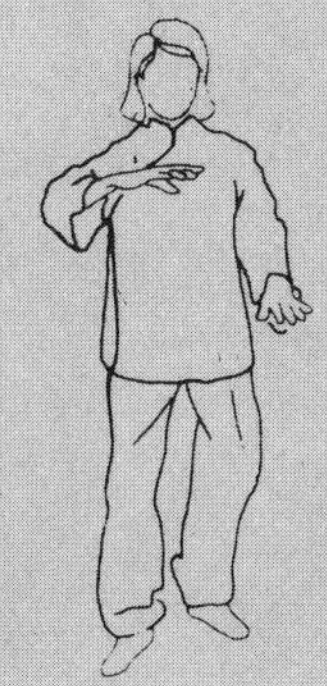

7-N Baixe a mão direita até a altura do peito, palma para baixo. Leve o calcanhar direito de volta ao esquerdo e dê um passo à direita, deslocando o peso para a perna direita, pé voltado para fora a 45°.

7-O Empurre o cotovelo direito para a direita, com o braço no nível do peito. Mova o pé esquerdo à frente para descansar levemente sobre a cabeça do primeiro osso metatársico, calcanhar levantado. Recue ligeiramente o cotovelo esquerdo.

Verifique:

- Inicie olhando para a frente; termine olhando para a parede esquerda.
- Primeira parte: transfira o peso de ambas as pernas cheias para a perna esquerda cheia.
- Segunda parte: desloque o peso da perna esquerda cheia para a perna direita cheia.
- Procure estar confortável e equilibrado; ajuste a posição da perna, se necessário.

Para terminar o movimento, aproxime o calcanhar esquerdo do direito e gire o pé direito de modo que fique paralelo ao esquerdo. Prossiga com o *Grande Movimento.*

Repita a seqüência quatro vezes ou até que a tenha memorizado. Sacuda as pernas após cada seqüência.

Execute agora todos os movimentos aprendidos, começando com o *Reverenciando a Humanidade* e terminando com o *Grande Movimento.* Faça isso duas vezes. Sacuda as pernas ao final de cada seqüência.

LIÇÃO

8

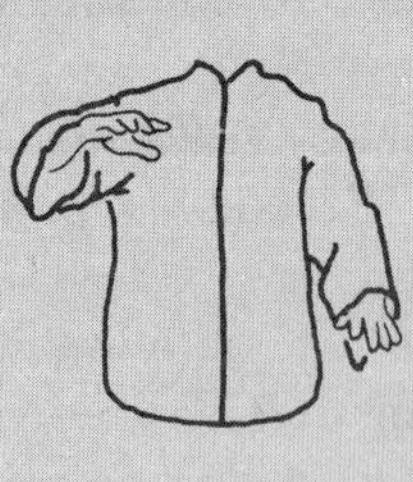

ROÇADURA DOS JOELHOS E TORÇÃO DO PASSO

Este movimento representa o ato de desviar um adversário para o lado. Ao mesmo tempo que dá um passo para trás e mantém um equilíbrio estável, você executa um movimento giratório dos braços para o lado.

Nesse movimento, ao recuar (quando seu peso é sustentado apenas por uma perna), preste atenção à inspiração. Concomitantemente, utilize sua intenção no sentido de dirigir a energia *ch'i* para o lado, com as palmas das mãos. Ao término do passo dado para trás, concentre-se na expiração. Se mantiver os braços e as pernas descontraídas, você sentirá uma onda de ar quente deslocando-se na direção dos pés.

Movimento dos braços

8-A Coloque os braços na posição final do *Garça Branca Estende as Asas* (7-O).

8-B Cotovelos dobrados, leve as mãos ligeiramente para a direita e para trás, mão esquerda à frente da direita, ambas as palmas voltadas para a direita. (Pense na mão direita como "puxar" e na esquerda como "empurrar".)

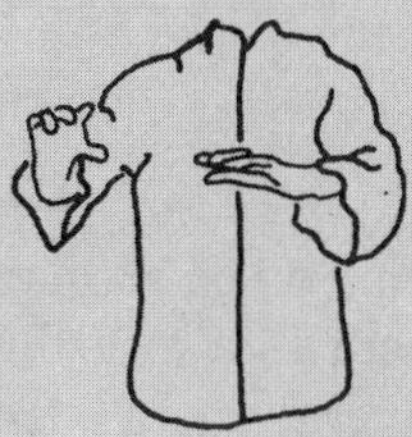

8-C Cotovelos dobrados, leve a mão direita para frente e a esquerda para trás.

8-D Leve as mãos ligeiramente para a esquerda e para trás, a direita à frente da esquerda, ambas as palmas voltadas para a esquerda. (Pense na esquerda como "puxar" e na direita como "empurrar".)

Verifique:

- Enquanto move as mãos, mantenha-se voltado para a parede esquerda; não se volte para qualquer outro lado.
- Mãos na mesma altura, dedos paralelos ao chão, separados.
- Uma das mãos quinze centímetros adiante da outra, mãos um pouco abaixo da altura do ombro.
- Mãos e pulsos relaxados; a mão à frente "empurra", a de trás "puxa".

Repita a seqüência dos movimentos dos braços (8-A a 8-D) quatro vezes ou até que a tenha memorizado.

Movimento das pernas

8-E Assuma a posição final do *Garça Branca Estende as Asas* (7-O).

8-F Recue um passo com o pé esquerdo, com a ponta virada para fora a 30º. Gire o pé direito ligeiramente para dentro. Sente-se no meio; peso bem distribuído.

8-G Recue um passo com o pé direito, com a ponta voltada para fora a 30º. Sente-se no meio; peso bem distribuído.

Verifique:

- Fique voltado para a parede esquerda.
- Corpo ereto, centrado, peso bem distribuído.
- Joelhos levemente flectidos, mas soltos.
- Ambos os pés voltados para fora a 30° no final.
- Se se sentir fora de equilíbrio, certifique-se de que seus pés não cruzem o centro do corpo. O calcanhar direito deve ficar no lado direito, o esquerdo no lado esquerdo.
- Se se sentir desconfortável, assegure-se de que seu peso esteja uniformemente distribuído em ambas as pernas. Pode ser necessário deslocar o corpo para a frente ou para trás para redistribuir o peso uniformemente.

Repita a seqüência de movimentos (8-E a 8-G) quatro vezes ou até que os tenha aprendido de cor. Sacuda as pernas ao final de cada seqüência.

Movimentos conjuntos de braços e pernas

8-H Coloque-se na posição final do *Garça Branca Estende as Asas* (7-O), voltado para a parede esquerda.

8-I Recue um passo com o pé esquerdo, girando a ponta para fora a 30°. Vire o pé direito ligeiramente para dentro, de 45° a 30°. Sente-se no meio; peso bem distribuído. Cotovelos flectidos, empurre as palmas para a direita, logo abaixo da altura do ombro, mão esquerda à frente da direita. Mova as mãos ligeiramente para trás, a esquerda à frente.

8-J Recue com o pé esquerdo, girando a ponta para fora a 30°. Leve o pé esquerdo para a esquerda a 30°. Sente-se no meio; peso bem distribuído. Cotovelos dobrados, leve as palmas à esquerda, logo abaixo da altura do ombro, mão direita à frente da esquerda. Mova as mãos ligeiramente para trás.

Verifique:

- Fique voltado para a parede esquerda.
- Dê um passo para trás: perna esquerda, perna direita.
- Corpo ereto, peso numa perna ao recuar e uniformemente distribuído ao empurrar com ambas as mãos.
- Procure sentir-se confortável e equilibrado; ajuste as posições do corpo ou das pernas, se necessário.

Para terminar o movimento, aproxime o calcanhar esquerdo do direito e coloque o pé direito paralelamente ao esquerdo. Prossiga com o *Grande Movimento.*

Repita a seqüência (8-H a 8-J) quatro vezes, terminando cada uma delas com o *Grande Movimento.* Sacuda as pernas suavemente após cada seqüência.

Pratique agora *todos* os movimentos aprendidos, por duas vezes e em seqüência, iniciando com o *Reverenciando a Humanidade* e terminando com o *Grande Movimento.* Sacuda as pernas ao terminar cada seqüência.

LIÇÃO

9

DESVIAR, APARAR E GOLPEAR

Este movimento exprime o ato de desviar o braço do adversário para o lado com um movimento circular da mão esquerda e o ato de golpear com o braço direito.

Neste movimento, ao transferir o peso para a perna direita, preste atenção à inspiração. Concomitantemente, use sua intenção para reunir a energia *ch'i* com suas mãos em direção ao corpo. Ao dar o passo à frente, preste atenção à expiração. Se você mantiver os braços e as pernas relaxados, poderá sentir uma onda de ar quente movendo-se à frente enquanto golpeia.

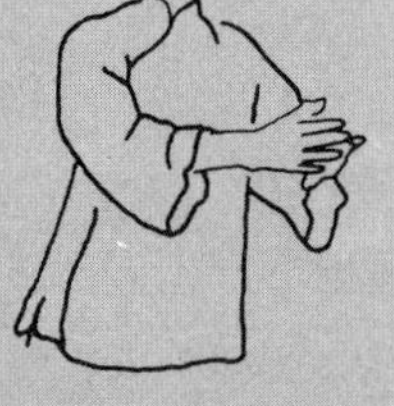

Movimento dos braços

9-A Coloque os braços na posição final da *Roçadura dos Joelhos e Torção do Passo* (8-J).

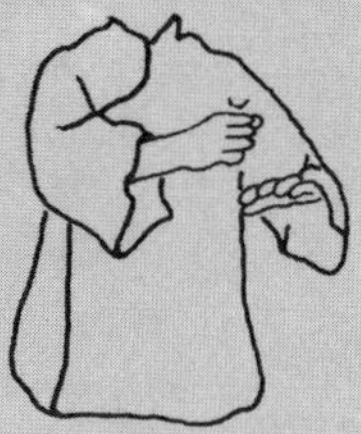

9-B Feche descontraidamente a mão direita em punho e comece a puxá-la de volta para o lado direito. Mova a mão esquerda à frente.

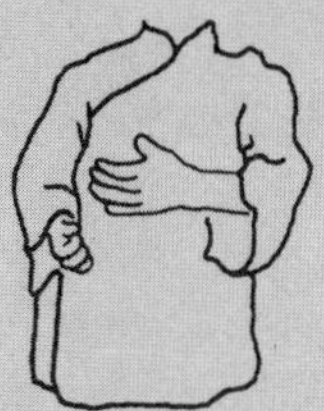

9-C Leve a mão direita à altura da cintura, com a articulação dos dedos voltada para baixo; mova o braço esquerdo circularmente na altura do peito, na frente do corpo, a palma para dentro.

9-D Com o braço esquerdo voltado para o corpo na altura do peito, a palma para dentro, os dedos abertos, golpeie lentamente à frente com a mão direita, girando o pulso para a esquerda a 90° enquanto golpeia. (Golpeie sob o braço esquerdo.)

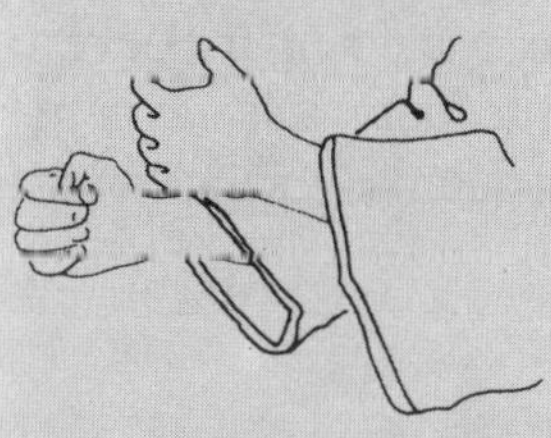

Detalhe das mãos na posição 9-D.

Verifique:

- Fique voltado para a parede esquerda.
- Punho direito descontraído.
- Braço esquerdo em curva, palma voltada para o seu corpo, não tocando o braço direito.
- Golpeie lentamente sob o braço esquerdo, girando o punho para a esquerda (da posição de articulação para baixo para a posição da articulação à direita).
- Braço direito quase totalmente estendido, com o cotovelo ligeiramente abaixado.

Repita a seqüência de movimentos (9-A a 9-D) quatro vezes ou até aprendê-la de memória.

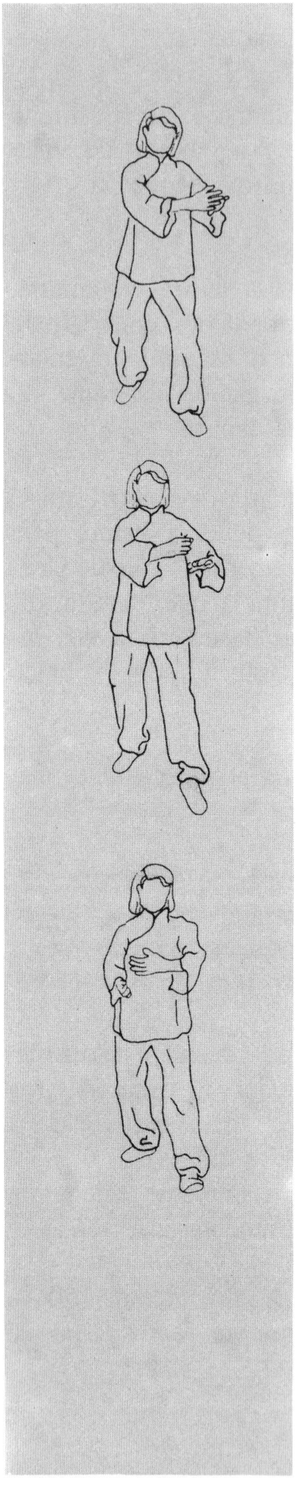

Movimento das pernas

9-E Fique na posição de pernas final da *Roçadura dos Joelhos e Torção do Passo* (8-J).

9-F Vire o pé direito para fora a 45°. Transfira o peso para a perna direita.

9-G Levante a ponta do pé esquerdo, descansando o pé sobre o calcanhar. Leve o calcanhar ligeiramente para trás, a perna estendida. Perna esquerda vazia; perna direita cheia.

9-H Dê um passo à frente com o pé esquerdo, dedos apontando diretamente para a frente (na direção da parede esquerda). Gire o pé direito para fora a 60°. Flexione ligeiramente ambos os joelhos e distribua o peso uniformemente nas duas pernas. Sente-se no meio na *Posição das Duas Pernas Cheias* (2-G).

Verifique:

- Fique voltado para a parede esquerda.
- Transfira o peso: primeiro, de ambas as pernas para a perna direita (como na posição básica da perna direita cheia); depois, da perna direita cheia com o peso uniformemente distribuído, ambos os joelhos dobrados.
- Se se sentir desconfortável, certifique-se de que seu corpo esteja centrado, os joelhos flectidos e o pé esquerdo diretamente à frente do quadril.

Repita a seqüência de movimentos (9-E a 9-H) quatro vezes ou até que a tenha memorizado. Sacuda as pernas suavemente no final de cada seqüência.

Movimentos conjuntos de braços e pernas

9-I Coloque-se na posição final do *Roçadura dos Joelhos e Torção do Passo* (8-J).

9-J Vire o pé direito para fora a 45°. Comece a deslocar o peso para a perna direita. Feche a mão direita em punho, relaxadamente, e leve o braço esquerdo à frente.

9-K Passe o peso para a perna direita. Levante os dedos do pé esquerdo, repousando o pé sobre o calcanhar. Leve a mão direita de volta à cintura, articulação dos dedos voltada para baixo. Ao mesmo tempo, conduza o braço esquerdo, curvado, à altura do peito, palma para dentro, transversalmente ao corpo.

9-L Avance um passo com o pé esquerdo e golpeie para a frente sob a mão esquerda, peso bem distribuído.

Verifique:

- Fique voltado para a parede esquerda.
- Transfira o peso da distribuição equilibrada para a perna direita e novamente de volta à distribuição em ambas as pernas.
- Golpeie lentamente, punho direito solto, braços não se tocando.
- Procure conforto e equilíbrio; ajuste a posição do corpo ou das pernas, se necessário.

Para terminar o movimento, aproxime o calcanhar esquerdo do direito, vire o pé direito paralelamente ao pé esquerdo e faça o *Grande Movimento.*

Repita a seqüência (9-I a 9-L) e encerre com o *Grande Movimento* quatro vezes ou até decorá-lo. Sacuda as pernas com vagar após cada seqüência.

Pratique a seguir, duas vezes, *todos* os movimentos aprendidos até esta etapa, terminando com o *Grande Movimento.* Sacuda as pernas ao final de cada seqüência.

LIÇÃO

10

FECHAMENTO APARENTE

Neste movimento, uma retirada ou recuo aparente é seguido por um empurrão suave.

Ao transferir o peso para a perna direita, preste atenção à inspiração. Ao mesmo tempo, use a sua intenção para dirigir o *ch'i*, com as palmas na direção do corpo. Se mantiver seus braços e pernas descontraídos, você poderá sentir uma onda de ar quente movendo-se na sua direção. Ao avançar, preste atenção à expiração.

Movimento dos braços

10-A Posicione os braços como no final do *Desviar, Aparar e Golpear* (9-L).

10-B Abra o punho direito e mantenha as palmas voltadas para a frente com os pulsos e as mãos descontraídos. Leve os cotovelos para baixo e próximos ao corpo. Leve as mãos na direção do peito.

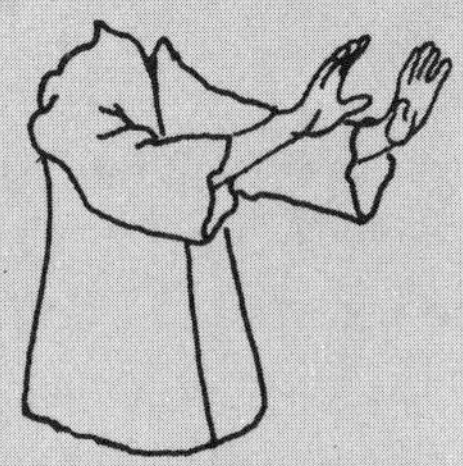

10-C Empurre as palmas para a frente, estendendo os braços e mantendo os cotovelos ligeiramente flexionados.

Verifique:

- Fique voltado para a parede esquerda.
- Ao levar as mãos na direção do peito, os cotovelos não tocam o corpo.
- Ao empurrar para a frente, os braços ficam ligeiramente flectidos.

Repita a seqüência de movimentos (10-A a 10-C) quatro vezes ou até que a tenha memorizado.

Movimento das pernas

10-D O movimento começa na posição final do *Desviar, Aparar e Golpear* (as duas pernas cheias, 9-H).

10-E Volte o pé direito ligeiramente para dentro e desloque o peso para a perna direita, levantando a ponta do pé esquerdo e apoiando-o no calcanhar. Leve o calcanhar para dentro até que o joelho fique reto na posição básica de perna direita cheia.

10-F Gire o pé esquerdo para fora a 45° e apóie-se nele. Com o peso na perna esquerda, dê um passo à frente com o pé direito, aproximando o calcanhar direito do esquerdo.

10-G Avance um passo com o pé direito e vire o pé esquerdo para fora de 45° a 60°. Sente-se no meio na *Posição das Duas Pernas Cheias* (2-G), peso bem distribuído.

Verifique:

- Se não se sentir confortável, verifique se o corpo está centrado, os joelhos flexionados de modo igual, e se o pé direito está diretamente à frente do quadril.

Repita a seqüência de movimentos (10-D a 10-G) quatro vezes ou até que a tenha memorizado. Sacuda as pernas ao final de cada seqüência.

Movimentos conjuntos de braços e pernas

10-H Assuma a posição final do *Desviar, Aparar e Golpear* (9-L).

10-I Vire o pé direito ligeiramente para dentro (a 45°). Transfira o peso para a perna direita, levantando os dedos do pé esquerdo e recuando ligeiramente o calcanhar esquerdo (para que fique vazio). Leve os braços de volta ao peito, cotovelos flectidos, palmas para fora.

10-J Gire o pé esquerdo para fora a 45°, e apóie-se nele. Desloque o peso para a perna esquerda. Comece a dar um passo à frente com o pé direito, mantendo-o junto ao solo, a ponta direcionada para a frente. Empurre ambas as mãos para a frente.

10-K Avance um passo com o pé direito para completar o movimento de empurrar. Vire o pé esquerdo para fora, acrescentando-lhe 15°. Peso distribuído, sente-se no meio, joelhos ligeiramente flexionados.

Verifique:

- Transfira o peso da perna direita para ambas as pernas.
- Comece puxando para trás, pé esquerdo à frente, perna esquerda vazia e direita cheia.
- Termine empurrando, pé direito à frente, peso distribuído.
- Procure conforto e equilíbrio; ajuste as posições do corpo ou da perna, se necessário.

Para terminar o movimento, coloque o pé esquerdo em paralelo com o direito e execute o *Grande Movimento.*

Repita a seqüência quatro vezes (ou até que a tenha memorizado), terminando com o *Grande Movimento.* Sacuda as pernas depois de cada seqüência.

Pratique a seguir todos os movimentos aprendidos até aqui, começando com o *Reverenciando a Humanidade* e terminando com o *Grande Movimento;* complete a seqüência duas vezes. Sacuda as pernas ao final de cada seqüência.

LIÇÃO

11

LEVAR O TIGRE À MONTANHA (PRIMEIRA PARTE)

Este movimento começa com um giro (primeira parte) para deter um oponente que ataca por trás e continua com uma perseguição ao atacante.

Neste movimento, ao girar o corpo e mover os braços para formar um círculo, preste atenção à inspiração. Você pode sentir a energia *ch'i* à sua frente, entre os braços. Depois de girar, preste atenção à expiração.

Movimento dos braços

11-A (Vista lateral) Coloque os braços na posição final do *Fechamento Aparente* (10-K).

11-B Feche a mão direita em punho, sem tensionar; leve ambas as mãos na direção do corpo, formando um círculo com os braços, o direito acima do esquerdo. A palma esquerda fica voltada para o peito; as mãos não se tocam. (Ao combinar os movimentos dos braços e pernas para esta seqüência, você deve virar o corpo para a esquerda enquanto leva as mãos na direção do peito.)

Verifique:

- Início, braços estendidos.
- Término, braços em círculo.
- Mantenha o punho direito descontraído.

Repita a seqüência de movimentos (11-A e 11-B) quatro vezes ou até que a tenha memorizado.

Movimento das pernas

11-C (Vista lateral) Assuma a posição de pernas final do *Fechamento Aparente* (posição das duas pernas cheias), voltado para a parede esquerda (10-K).

11-D Gire o pé direito na direção do esquerdo. Transfira o peso para a perna direita, joelho dobrado. Continue a virar à esquerda, girando sobre o calcanhar direito.

11-E Peso na perna direita, pé direito direcionado para fora a 45°. Levante o calcanhar esquerdo e movimente-o para a frente a fim de alinhá-lo com o quadril esquerdo, ponta do pé elevada a 45° do solo, joelho estendido. Fique na posição de pé direito cheio.

Verifique:

- Gire à esquerda sobre o pé direito.
- Comece voltado para a parede esquerda; termine voltado para a direita.
- Se você sentir desconforto na perna esquerda, flexione-a um pouco menos.
- Se o joelho direito não estiver confortável, assegure-se de que o pé direito esteja para fora a 45°.
- Se a perna esquerda não estiver vazia, aproxime-a de si.
- Se se sentir desequilibrado, certifique-se de que sua perna esquerda esteja diretamente à frente do quadril ao final da seqüência.

Repita a seqüência de movimentos (11-C a 11-E) quatro vezes ou até que a tenha memorizado. Sacuda as pernas suavemente ao final de cada seqüência.

Movimentos conjuntos de braços e pernas

11-F Adote a posição final do *Fechamento Aparente* (10-K), voltado para a parede esquerda.

11-G Rode sobre o pé direito, girando o corpo para a esquerda. Desloque o peso para o pé direito, fechando descontraidamente a mão direita em punho e formando um círculo com os braços na altura do peito. A mão direita posiciona-se acima da esquerda, a qual fica aberta, palma para dentro. As mãos não se tocam.

11-H Mantendo os braços em círculo, o punho direito acima da mão esquerda, volte-se para a parede direita. Peso na perna direita, pé direito voltado para fora a 45°; o pé esquerdo apóia-se no calcanhar, joelho estendido, dedos levantados a 45° do solo.

Vista de frente da posição 11-H.

Verifique:

- Comece voltado para a parede esquerda; termine virado para a parede direita.
- Comece com o peso bem distribuído; termine com o peso na perna direita.
- Se a perna direita estiver pouco confortável, flexione-a um pouco menos.
- Se o joelho direito estiver desconfortável, certifique-se de que o pé direito esteja voltado para fora a 45°.
- Se a perna esquerda não estiver vazia, aproxime-a de si.
- Se você não se sentir equilibrado, assegure-se de que a perna esquerda esteja diretamente à frente do quadril.

Para concluir o movimento, aproxime o calcanhar esquerdo do direito e gire o pé direito de modo que fique paralelo ao esquerdo. Execute o *Grande Movimento.*

Repita a seqüência (11-F a 11-H), terminando com o *Grande Movimento,* quatro vezes ou até que a tenha decorado. Sacuda as pernas suavemente após cada seqüência. Pratique todos os movimentos aprendidos até aqui, iniciando com o *Reverenciando a Humanidade* e terminando com o *Grande Movimento,* duas vezes. Sacuda as pernas suavemente ao final de cada seqüência.

LIÇÃO

12

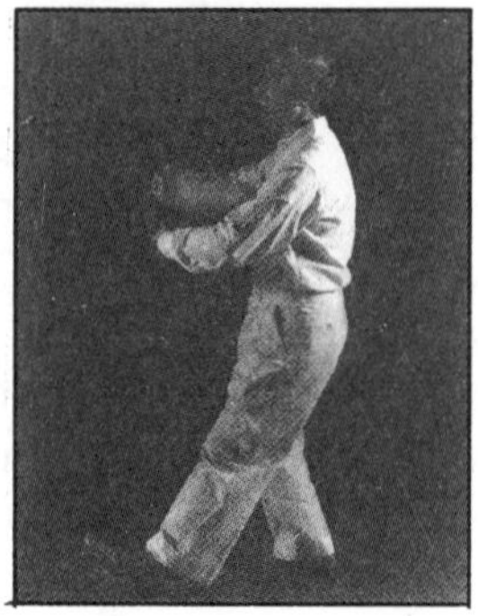

CONDUZIR O TIGRE À MONTANHA (SEGUNDA PARTE)

Este movimento simboliza a perseguição a um adversário com as mãos movendo-se em círculo para limpar o caminho. Ele termina com um golpe no oponente depois da perseguição bem-sucedida.

Neste movimento, ao levantar o pé esquerdo, preste atenção à inspiração. Ao avançar com o pé esquerdo ao mesmo tempo em que suas mãos se movem no sentido horário, para a esquerda, preste atenção à exalação. Ao avançar com o pé direito ao mesmo tempo que suas mãos se movimentam em círculo no sentido horário, para a direita, preste atenção à inalação. Utilize a intenção para movimentar a energia *ch'i* em círculo com suas palmas. Se você mantiver braços e pernas descontraídos, sentirá uma onda de ar quente ao seu redor à medida que caminha. Você dá dois passos apenas enquanto completa um círculo com as mãos.

Movimento dos braços

12-A Ponha os braços na posição final do *Levar o Tigre à Montanha, Primeira Parte* (11-H).

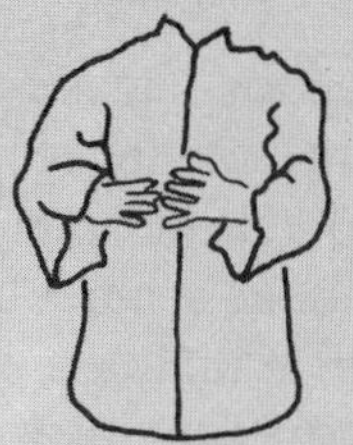

12-B Abra o punho direito. Mova a mão esquerda para a frente, palma voltada para a direita; mão direita para baixo, palma voltada para a esquerda. Mantenha os cotovelos flectidos.

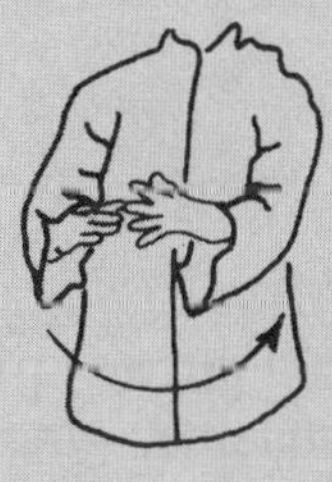

12-C Mantendo as mãos na mesma posição relativa, gire os braços em círculo da direita para a esquerda, no sentido horário, formando a parte inferior de um pequeno círculo.

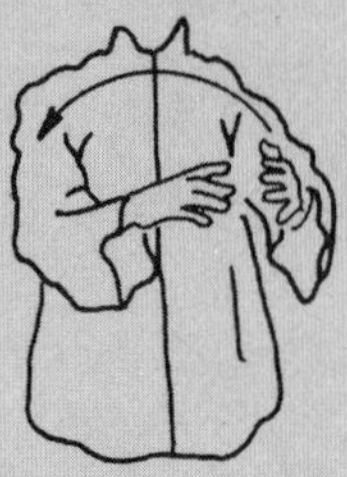

12-D Mantendo as mãos na mesma posição relativa, gire os braços em círculo da esquerda para a direita, no sentido horário, formando a parte superior de um pequeno círculo.

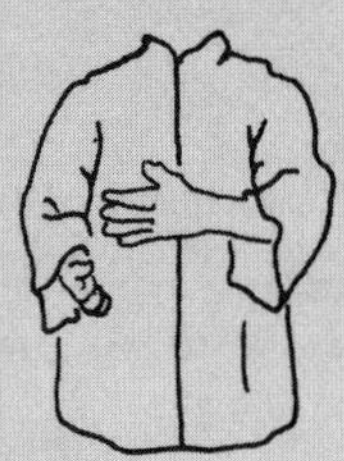

12-E Com o círculo superior quase terminado e as mãos à sua frente, feche a mão direita em punho relaxadamente e leve a mão à cintura, com a articulação para baixo. Aproxime a mão esquerda do corpo, na altura do peito, para formar um arco com a palma voltada para o corpo.

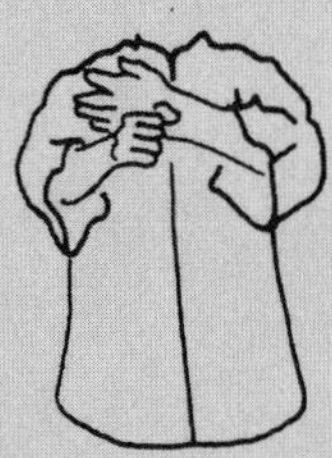

12-F Golpeie com a mão direita para a frente, sob a mão esquerda, girando o punho para a esquerda a 90º enquanto golpeia, mantendo o cotovelo ligeiramente dobrado. Mova o antebraço esquerdo para a frente enquanto golpeia, sem que os braços se toquem.

Verifique:

- As mãos giram no sentido horário: primeiro da direita para a esquerda; depois da esquerda para a direita.
- Golpeie lentamente, com o punho direito relaxado, girando para a esquerda a 90º.
- O punho direito e o antebraço esquerdo se movem para a frente enquanto você golpeia.

Repita a seqüência de movimentos (12-A a 12-F) quatro vezes ou até que a tenha memorizado.

Movimento das pernas

12-G Fique na posição de pernas final do *Conduzir o Tigre à Montanha, Primeira Parte* (11-H).

12-H Vire a ponta do pé esquerdo para fora a 30º e apóie-se no pé. Transfira o peso para a perna esquerda, ficando a direita vazia.

12-I Dê um passo à frente com o pé direito, com os dedos virados para fora a 30º. Transfira o peso para a perna direita, ficando a esquerda vazia.

12-J Avance com o pé esquerdo, dedos apontando para a frente, flexionando ligeiramente o joelho para a frente.

12-K Gire o pé direito para fora a 60°, flexionando ligeiramente o joelho para fora. Sente-se no meio na *Posição das Duas Pernas Cheias* (2-G), peso bem distribuído.

Verifique:

- Fique voltado para a parede direita.
- Preste atenção à mudança do peso da perna esquerda para a direita enquanto avança.
- Se não se sentir confortável ao final do movimento, certifique-se de que o seu corpo esteja centrado, seus joelhos dobrados na mesma proporção, pé direito voltado para fora a 60° e pé esquerdo diretamente à frente do quadril.

Repita a seqüência de movimentos (12-G a 12-K) quatro vezes ou até que a tenha memorizado. Sacuda as pernas suavemente ao final de cada seqüência.

Movimentos conjuntos de braços e pernas

12-L Assuma a posição final do *Conduzir o Tigre à Montanha, Primeira Parte* (11-H).

12-M Abra o punho direito e mova as mãos à frente, a esquerda adiante da direita. Vire o pé esquerdo para fora a 30° e dê com ele um passo à frente. Desloque o peso para o pé esquerdo e mova as mãos da direita para a esquerda, formando um semicírculo embaixo, sem alterar a posição relativa de uma mão em relação à outra.

12-N Vire o pé direito para fora a 30° e vá para a frente sobre ele. Faça um giro com as mãos da direita para a esquerda, formando a parte superior do semicírculo. Desloque o peso para a perna direita, mantendo a esquerda vazia.

12-O Dê um passo à frente com o pé esquerdo, com os dedos apontando para a frente e o joelho ligeiramente dobrado à frente. Feche a mão direita em punho descontraidamente e puxe a mão de volta à cintura, com a articulação carpometacarpiana para baixo. Forme um arco com o antebraço esquerdo na altura do peito, a palma para dentro.

12-P Sente-se no meio, com o peso bem distribuído, e golpeie à frente com a mão direita sob o braço esquerdo, girando o punho direito para a esquerda a 90° enquanto golpeia. Vire a ponta do pé direito para fora a 60°.

Verifique:

- Fique voltado para a parede direita.
- Caminhe lentamente: primeiro dê um passo com a perna esquerda; a seguir, com a direita.
- Transfira o peso totalmente: primeiro para a perna esquerda; em seguida para a direita.
- Faça um pequeno círculo com as mãos (de 15 a 20 cm) ao mesmo tempo que caminha.
- Golpeie lentamente com o punho direito relaxado, girando-o para a esquerda.
- Procure conforto e equilíbrio.

Para terminar o movimento, coloque o pé direito em paralelo com o esquerdo e execute o *Grande Movimento.*

Repita a seqüência (12-L a 12-P), terminando com o *Grande Movimento,* quatro vezes ou até que a tenha memorizado. Pratique em seguida todos os movimentos aprendidos, desde o *Reverenciando a Humanidade* até o *Grande Movimento,* em seqüência, duas vezes. Sacuda as pernas ao término de cada seqüência.

LIÇÃO

13

GOLPEAR POR BAIXO DO COTOVELO

Este movimento sugere simbolicamente o ato de desviar para baixo o golpe de um adversário com a mão esquerda e golpear sua face com o dorso da mão direita.

Neste movimento, as pernas não se movem. Ao baixar a mão direita, preste atenção à inspiração. Ao mesmo tempo, use sua intenção para levar o *ch'i* ao seu corpo com a palma. Ao estender a mão direita à frente e baixar a esquerda ao lado, preste atenção à expiração. Se você mantiver os braços e as pernas descontraídos, deverá sentir uma onda de ar quente circulando à frente do seu corpo.

Movimentos conjuntos de braços e pernas

13-A Assuma a postura final do *Conduzir o Tigre à Montanha, Segunda Parte* (12-P).

13-B Abra o punho direito e leve a mão direita ao peito, cotovelo flectido, palma para dentro, braço paralelo ao solo.

13-C Leve a mão esquerda ao lado esquerdo, na altura da cintura, cotovelo dobrado, palma para cima. Golpeie à frente com o dorso da mão direita.

Verifique:

- Golpeie com o dorso da mão direita.
- Cotovelo direito parcialmente dobrado.
- Palma esquerda para cima, na altura da cintura, cotovelo flexionado.

Repita a seqüência de movimentos (13-A a 13-C) quatro vezes ou até memorizá-la.

LIÇÃO

14

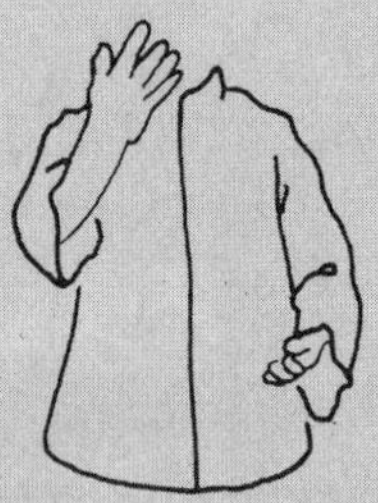

RECUAR E REPELIR O MACACO

Este movimento indica simbolicamente o ato de puxar o braço do adversário com uma das mãos e repeli-lo, utilizando a própria força dele, com um empurrão com a outra mão, ao mesmo tempo que se recua.

No início deste movimento, ao puxar com a mão direita e transferir o peso para a perna esquerda, preste atenção à inspiração. Enquanto empurra com a mão esquerda e deixa a perna esquerda vazia, preste atenção à expiração. Se seus braços e pernas estiverem descontraídos, você poderá sentir o *ch'i* movendo-se do braço direito para o esquerdo.

Movimento dos braços

14-A Coloque os braços na posição final do *Golpear por Baixo do Cotovelo* (13-C).

14-B Gire a palma direita para baixo. Leve a palma esquerda para cima no nível do peito.

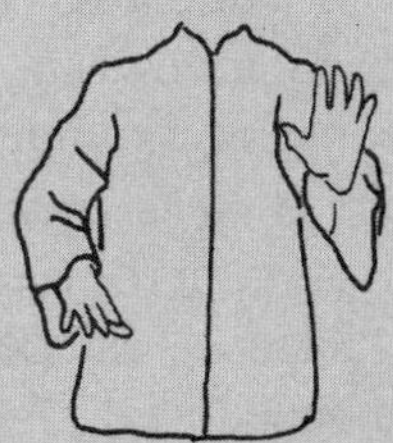

14-C Leve o braço direito à cintura, cotovelo dobrado, palma para baixo. Leve o braço esquerdo à frente, cotovelo ligeiramente flectido, palma à frente.

14-D Leve a mão esquerda para baixo, girando a palma esquerda para cima. Gire a palma direita para cima, elevando a mão direita.

14-E Leve a mão esquerda à altura da cintura, palma voltada para cima. Empurre a mão direita à frente, na altura do peito, palma para fora.

Verifique:

- Início: braço esquerdo empurrando, braço direito puxando (palma para baixo).
- Término: braço direito empurrando, braço esquerdo puxando (palma para cima).

Repita a seqüência de movimentos (14-A a 14-E) quatro vezes ou até memorizá-la.

Pratique em seguida todos os movimentos aprendidos, começando com o *Reverenciando a Humanidade* e terminando com o *Grande Movimento,* duas vezes. Sacuda as pernas levemente no final de cada seqüência.

Movimento das pernas

14-F Adote a postura final do *Golpear por Baixo do Cotovelo* (13-C).

14-G Vire o pé direito ligeiramente para dentro (de 60° a 45°). Transfira o peso para a perna direita.

14-H Apóie o pé esquerdo no calcanhar, ponta do pé levantada, joelho estendido.

14-I Mantendo o peso no pé direito, comece a recuar com o pé esquerdo.

14-J Recue sobre o pé esquerdo, mantendo a perna esquerda no lado esquerdo do corpo, girando a ponta do pé para fora a 45°.

Verifique:

- Se a perna flexionada não estiver confortável, dobre-a um pouco menos.
- Se a perna estendida não estiver vazia, aproxime-a de si.
- Se se sentir em desequilíbrio, certifique-se de que sua perna esticada esteja diretamente à frente do quadril.

Repita a seqüência de movimentos (14-F a 14-J) quatro vezes ou até memorizá-la. Sacuda os pés com suavidade ao final de cada seqüência.

Movimentos conjuntos de braços e pernas

14-K Fique na posição final do *Golpear por Baixo do Cotovelo* (13-C).

14-L Vire o pé direito ligeiramente para dentro (de 60° a 45°). Transfira o peso para a perna direita; levante a ponta do pé esquerdo. Puxe o braço direito para trás, palma para baixo, e leve a palma esquerda para cima. Leve a palma esquerda à frente.

14-M Recue com o pé esquerdo, mantendo o peso na perna direita; vire a palma esquerda para cima e leve-a à cintura. Vire a palma direita para cima.

14-N Transfira o peso para a perna esquerda, vire a ponta do pé para fora a 45°; mantenha a perna direita vazia, apoiada sobre o calcanhar, a ponta do pé para cima. Leve o braço direito à frente, a palma para fora.

Verifique:

- Fique voltado para a parede direita.
- Procure conforto e equilíbrio. Mantenha o tronco ereto e o peso na perna esquerda.

Para terminar o movimento, coloque o pé direito em paralelo com o esquerdo e execute o *Grande Movimento.*

Repita o movimento todo, finalizando com o *Grande Movimento,* duas vezes em seqüência. Sacuda as pernas suavemente ao final de cada seqüência.

LIÇÃO

15

VÔO OBLÍQUO E O GRANDE FINAL DO T'AI CHI (O GRANDE MOVIMENTO)

Este movimento sugere simbolicamente uma retaliação depois de aparar o ataque do adversário a partir de uma posição baixa.

Neste movimento, ao virar o pé esquerdo e puxar para baixo com a mão direita aberta, preste atenção à inalação. Ao deslocar o peso para ambas as pernas e levantar os braços, preste atenção à exalação. Ao mesmo tempo, faça uso de sua intenção para mover o *ch'i* com os braços. Se você mantiver seus braços e pernas descontraídos, deverá sentir uma onda de ar quente envolvendo seu corpo e fluindo dos braços para as pernas.

Movimento dos braços

15-A Coloque os braços na posição final do *Recuar e Repelir o Macaco* (14-N).

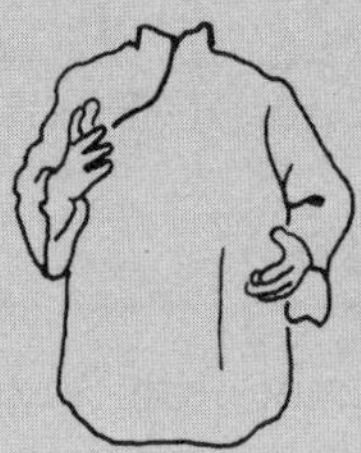

15-B Vire a palma direita para a esquerda enquanto leva a mão direita para baixo em direção ao abdome. Mova a palma esquerda em direção ao abdome.

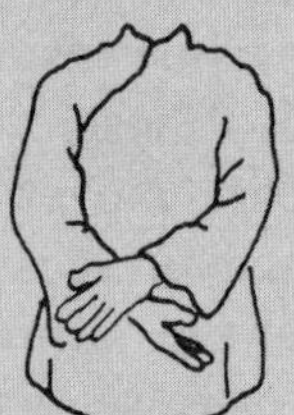

15-C Abaixe ambas as mãos na altura do abdome: mão esquerda à frente da direita, palma para dentro, palma direita voltada para a esquerda e para fora. As mãos e os braços, cruzando-se nos pulsos, não se tocam entre si e nem no corpo; flexione levemente os cotovelos.

Detalhe das mãos na posição 15-C.

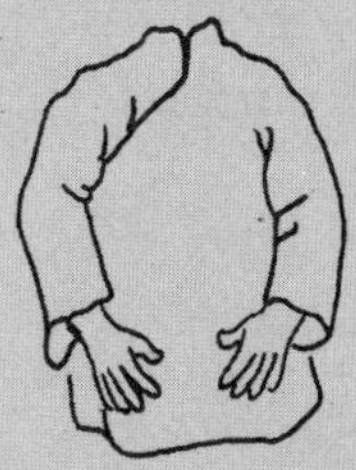

15-D Separe as mãos na frente do abdome, virando a palma direita para dentro. A mão direita move-se para a direita, a esquerda para a esquerda; palmas para dentro, dedos separados.

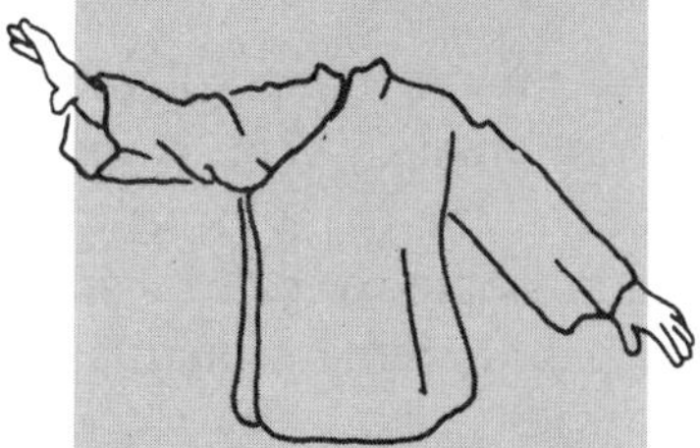

15-E Mova o braço direito na direção do canto direito; eleve-o à altura do ombro, o cotovelo quase estendido, a palma para trás. O braço esquerdo se move para a esquerda, na altura do quadril, cotovelo quase estendido palma para trás.

Verifique:

- Braços em linha diagonal, ligeiramente curvados, da mão direita (ponto alto) para a esquerda (ponto baixo).
- Cotovelos ligeiramente flexionados.
- Palmas voltadas para trás.

Repita a seqüência de movimentos (15-A a 15-E) quatro vezes ou até memorizá-la.

Movimento das pernas

15-F Assuma a posição de pernas final do *Recuar e Repelir o Macaco* (14-N), voltado para a parede direita.

15-G Gire à esquerda a fim de ficar voltado para a parede em frente. Vire o pé esquerdo para fora a 45° (para o canto esquerdo), rodando sobre o calcanhar. Desloque o peso para a perna esquerda.

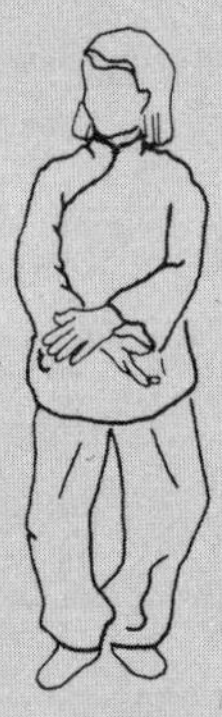

15-H Aproxime o calcanhar direito do esquerdo, a perna direita vazia, a perna esquerda cheia, a ponta do pé apontando para fora a 45° (na direção do canto direito).

15-I Com o pé direito, dê um passo na direção do canto direito.

15-J Sente-se no meio, peso bem distribuído. Flexione os joelhos ligeiramente.

Verifique:

- Comece voltado para a parede direita; termine voltado para a frente.
- Transfira o peso da perna esquerda para ambas as pernas, uniformemente distribuído entre ambas.
- Termine com o pé direito apontando para o canto direito e o esquerdo apontando para o esquerdo.

Repita a seqüência de movimentos (15-F a 15-J) quatro vezes ou até memorizá-la. Sacuda as pernas suavemente ao final de cada seqüência.

Movimentos conjuntos de pernas e braços

15-K Adote a posição final do *Recuar e Repelir o Macaco* (14-N).

15-L Gire sobre o pé esquerdo a fim de ficar voltado para a parede em frente, o peso na perna esquerda, virando o pé esquerdo ligeiramente para fora, perna direita vazia; leve a mão direita para si e vire a palma esquerda para dentro.

15-M Aproxime o calcanhar direito do esquerdo: perna esquerda cheia, direita vazia. Baixe as mãos à altura do abdome, o pulso esquerdo à frente do direito. A palma direita fica voltada para a palma esquerda e para cima; a esquerda fica voltada para dentro; as mãos não se tocam.

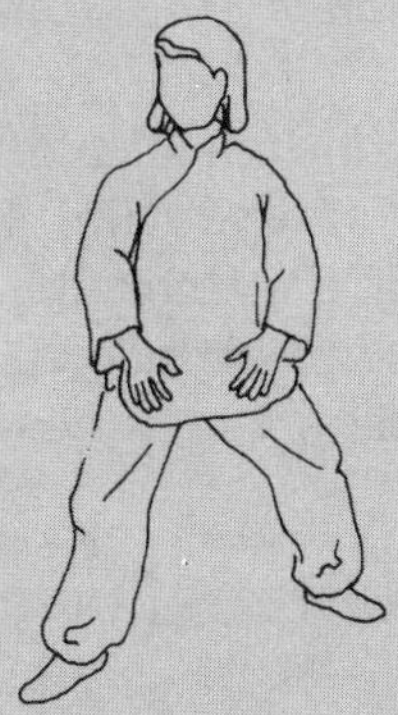

15-N Com o pé direito, dê um passo na direção do canto direito e separe as mãos, as palmas para dentro, a mão direita movendo-se para a direita, a esquerda para a esquerda, no mesmo ritmo.

15-O Sente-se no meio com o peso bem distribuído, movendo o braço direito na direção do canto direito, um pouco acima da altura do ombro, o cotovelo quase estendido, a palma para trás. Mova o braço esquerdo para trás, o cotovelo quase estendido, a palma para trás. Olhe para o canto direito.

Verifique:

- Corpo voltado para a frente; rosto direcionado para o canto direito.
- Braços em linha diagonal de cima (mão direita) para baixo (mão esquerda).

Prossiga agora com o *Grande Movimento*

15-P Transição: Partindo do movimento final do *Vôo Oblíquo* (15-O), vire o pé esquerdo a 45° para ficar voltado para a parede em frente, transferindo o peso para a perna esquerda.

15-Q Aproxime o calcanhar direito do esquerdo e execute o *Grande Movimento.*

Repita a seqüência do *Vôo Oblíquo* e do *Grande Movimento* quatro vezes ou até memorizá-la. Sacuda as pernas suavemente após cada seqüência.

Pratique a seguir todos os movimentos aprendidos em seqüência, duas vezes. Sacuda as pernas suavemente no final de cada seqüência.

A MEDITAÇÃO DE PÉ (O TRONCO UNIVERSAL)

Este exercício, que tem a propriedade de fortalecer o fluxo da energia vital através do corpo, pode ser feito com os olhos abertos ou fechados. Se fechar os olhos, você poderá sentir com mais facilidade as sensações de calor que acompanham o fluxo da energia.

Mestre Kuo recomendava a seus alunos que fizessem o exercício depois de uma série de T'ai Chi com o objetivo de terminar cada prática com um momento de silêncio. Nós o recomendamos também para descansar ao final da labuta diária. Mantenha cada posição (perna direita, perna esquerda) de três a cinco minutos. Quando suas pernas e costas ficarem mais fortes, vá aumentando gradativamente esse tempo.

No início, os ombros, braços e pernas sentirão certa tensão depois de alguns minutos nessa posição. Descontraia-os sacudindo algumas vezes braços, pernas e ombros, suavemente. Sacuda as mãos (e os pés) como se estivesse sacudindo gotas de água.

Respire lenta e naturalmente. Enquanto permanece na posição, seu ritmo respiratório irá diminuir. Sua respiração deve ser dirigida gradualmente a partir do abdome, e não do peito.

Acalmando a mente, relaxando o corpo, purificando os pensamentos e respirando naturalmente, você será capaz de sentir o fluxo do *ch'i* de seus braços para as mãos e os pés. Um primeiro sinal do fluxo do *ch'i* é o calor na palma das mãos e na sola dos pés. Você não deve se fixar nessas sensações; deixe que elas aconteçam naturalmente. Por fim, você poderá sentir o fluxo do *ch'i* em todas as partes do corpo ao dirigi-lo com a sua intenção.

Em nossa experiência pessoal, depois de praticar este exercício e a meditação sentada por aproximadamente um ano, podíamos sentir o efeito do fluxo do *ch'i* como uma corrente de calor no interior do corpo, uma corrente que podia ser controlada pela inspiração ou expiração. Sentíamos uma sensação tranqüilizadora nos pontos pelos quais o *ch'i* passava.

Desenvolvemos ainda mais o poder de controlar o *ch'i* ao dirigir seu fluxo enquanto executávamos movimentos individuais do T'ai Chi. Praticávamos cada movimento lentamente, de modo a sincronizar o movimento do corpo e o ritmo da respiração com o fluxo do *ch'i*.

O Exercício:

- Preparação: Voltado para a frente, fique com os pés juntos e paralelos, mantendo a cabeça ereta mas não rígida, como se um fio a puxasse suavemente pelo topo.
- Deixe os ombros caírem.
- Deixe que o peso "deslize" pelos braços até as mãos e pelas pernas até os pés.
- Relaxe completamente o abdome.

15-R Vire o pé esquerdo para o canto esquerdo (45°) e passe o peso para a perna esquerda. Mova a perna direita ligeiramente à frente e deixe que ela se apóie levemente na cabeça do primeiro osso metatársico, dedos voltados para cima a 30°. Estenda braços e mãos de modo a formar um círculo à frente do peito; mantenha os cotovelos levemente flexionados no mesmo nível, palmas para dentro, dedos sobrepondo-se parcialmente, mas não se tocando, mão esquerda mais próxima do corpo. Deixe um espaço de mais ou menos cinco centímetros entre os dedos das mãos direita e esquerda.

15-S Vista de frente do exercício: peso no pé esquerdo, ponta do pé ligeiramente virada para o canto esquerdo.

Término do exercício:

- Inverta a posição, começando por examinar sua postura — cabeça ereta, ombros soltos. Deixe que o peso do corpo desça aos pés, o abdome descontraído.
- Vire o pé direito para o canto direito (45°) e transfira o peso para a perna direita.
- Mova a perna esquerda ligeiramente à frente e apóie-se na cabeça do primeiro osso metatársico, dedos voltados para fora a 30°.
- Estenda braços e mãos formando um círculo à frente do peito; mantenha os cotovelos ligeiramente flexionados na mesma altura, a mão direita mais próxima do corpo. Deixe um espaço de mais ou menos cinco centímetros entre as pontas dos dedos das mãos direita e esquerda.

Considere a água lamacenta:
Se você remexer seu lodo para purificá-la,
Quanto mais a remexer
Mais lamacenta ela se tornará.

Como podemos obter água limpa?

Deixe-a parada:
A lama irá depositar-se por si.

É assim também que encontramos a satisfação: Deixe cada coisa agir de acordo com sua própria natureza.
Dê-lhe tempo.
Ela irá assentar-se ao seu modo.

O PODER CURATIVO DO T'AI CHI

6

Aqueles que realmente conhecem a natureza
da existência
Nada fazem em excesso.
E porque nada fazem em excesso
Satisfazem constantemente suas necessidades
E ainda assim nada perdem.

Lao Tsé, *Tao Té King*[1]

Agora que você sabe praticar o Ch'i Kung e o T'ai Chi, o objetivo deste capítulo é mostrar-lhe, por intermédio da experiência de outros, o que essas artes curativas podem representar para você. Prática perseverante é o segredo para extrair benefícios de ambas, e prática perseverante significa prática diária. Portanto, para uma longa vida, saúde e felicidade, pratique diariamente.

DISTÚRBIOS PSICOSSOMÁTICOS

Muitos profissionais das áreas da saúde estão cientes de que milhões de americanos sofrem de distúrbios psicossomáticos. De quatro a dez milhões de pessoas sofrem de ansiedade sob a forma de pânico, caracterizado por uma respiração rápida e superficial, um aumento dos batimentos cardíacos e uma sensação de perigo iminente. Como muitos médicos também sabem, pessoas em estado de ansiedade aguda experimentam reações bioquímicas que não ocorrem em pessoas normais, como, por exemplo, uma sensibilidade exagerada ao ácido láctico, produzido pelo organismo durante exercícios pesados, e ao dióxido de carbono, mesmo em pequenas quantidades, como as existentes na respiração.[2] Também a cafeína, numa quantidade equivalente a mais ou menos quatro xícaras de café, pode deflagrar e aumentar os ataques de ansiedade.[3] Muitas alterações químicas observadas em pessoas ansiosas também ocorrem entre indivíduos que sofrem de outra desordem muito comum, a depressão, a qual, num dado momento (porque é um distúrbio cíclico), pode afligir cerca de seis por cento da população adulta.[4]

Esses distúrbios, em conjunto, atribulam milhões de americanos. E, no entanto, o que os profissionais da saúde podem dizer-nos com relação a esses problemas? Podem dizer-nos onde se localizam a ansiedade e a depressão? Estão na mente ou no corpo? São elas distúrbios bioquímicos ou problemas sociais e psicológicos? O que deveriam os médicos receitar para condições desse tipo? Drogas psicoativas como Valium e Elavil, ou terapias comportamentais, como exposição a situações de medo e estimulação de um grupo de apoio? E o que dizer dos efeitos colaterais das drogas que os médicos prescrevem?

A ansiedade e a depressão são apenas dois dos muitos distúrbios que se localizam em algum lugar entre o corpo e a mente. Algumas das condições físicas mais dolorosas são psicossomáticas. As alergias afligem milhões de pessoas todos os anos, e a artrite causa desconforto, rigidez e dores em "uns quinze milhões de americanos mais idosos, a um custo superior a 3,5 bilhões de dólares" num ano típico.[5] Apesar disso, não existe nenhum tratamento satisfatório para esses problemas.

Se nossos profissionais da saúde, com centenas de substâncias químicas à disposição, não podem oferecer uma maneira, com êxito conhecido e reconhecido, de lidar com problemas sérios como esses, por que não tentar uma abordagem diferente? Com toda a certeza, nossa abordagem não tem condições de ser aceita como válida pela medicina ocidental. Em contrapartida, a medicina ocidental também nada tem a oferecer como comprovadamente válido. Em circunstâncias assim, a experiência, filtrada através de uma longa tradição, pode ser um guia tão bom quanto o que temos a possibilidade de encontrar. Como os instrutores de T'ai Chi sabem pela auto-observação e pelo que os alunos relatam, a prática diária do T'ai Chi revela um sucesso admirável no alívio de doenças psicossomáticas.

UMA HISTÓRIA DE ÊXITO PESSOAL

Minha própria história de recuperação da saúde é uma história de êxito do T'ai Chi. Nascido em Cantão, na China, reuni-me a meu pai na Califórnia quando estava com dezesseis anos de idade. Durante três anos trabalhei na empresa de meu pai, onde estava exposto a todos os tipos de alergênios. Acostumei-me a usar caixa após caixa de Kleenex. Em criança, eu havia sofrido de asma, e na Califórnia essa doença retornou.

Meus sintomas tornaram-se mais agudos quando comecei a trabalhar num laboratório em que várias pessoas fumavam cigarros e cachimbos. Após um ano de permanência nesse ambiente, minhas alergias estavam na pior condição possível. Finalmente, um belo dia, tive um ataque de asma tão grave que fui levado às pressas ao centro de emergência de um hospital local.

Ouvi falar de alergias pela primeira vez durante os dias em que estive no hospital. Quase todos os pólens, bolores e poeiras domésticas que os médicos aplicavam em mim causavam reação. Durante quase dez anos tomei injeções contra alergias. E ainda assim minha condição alérgica retornava todos os anos desde o final de fevereiro até o início de junho.

Um especialista, em particular, fez com que me sentisse especialmente desesperançoso. Como outros médicos que eu havia consultado, ele me disse que a alergia é uma doença. Acontece que ele também era um paciente alergênico. Vendo-o com os mesmos sintomas, por associação, surgia em mim a idéia de que nada poderia curar essa doença. Mesmo assim, devido ao seu conhecimento das alergias a partir de sua própria experiência, decidi fazer tudo o que ele recomendava, exceção feita às injeções, que pareciam não surtir nenhum efeito.

Seguindo o seu conselho, eu usava uma máscara fora de casa e um purificador de ar eletrônico dentro de casa durante o período de alergia. Desfizemo-nos de todos os cobertores de lã e tapetes e varríamos o assoalho todos os dias para evitar a poeira. Eu observava minha dieta com todo o cuidado e comia somente os alimentos arrolados na lista prescrita.

Apesar dessas precauções, eu sofria de febre do feno e asma durante aproximadamente quatro meses todos os anos.

A VIRADA

Minha crise tornou-se crítica. Como adolescente na China, eu havia estudado artes marciais. Tomei então a decisão de utilizá-las para recompor minhas forças. Pensava que, se fosse um pouco mais forte, minha condição geral seria melhor. Durante a adolescência, eu tinha superado a minha asma. Eu acreditava agora que a prática das artes marciais "suaves" era uma das razões. Como adolescente, além de estudar várias artes marciais "duras", eu havia aprendido T'ai Chi Ch'uan com um amigo cuja família tinha um professor particular. Meu amigo e eu intercambiávamos o que cada um aprendia. Praticávamos artes marciais como esporte — por diversão, não pela saúde.

Então eu decidi aprender T'ai Chi novamente. Um dia, Emily viu uma academia de T'ai Chi não longe de nossa casa. O instrutor sentia-se orgulhoso ao mostrar-nos as fotografias de seu mestre, Kuo Lien-Ying. Decidimos estudar com Mestre Kuo.

Nos cinco anos seguintes, levantávamos todos os dias às 4h30, jogávamos nossos filhos sonolentos no carro e nos dirigíamos a San Francisco, onde encontrávamos Mestre Kuo em seu estúdio às 5h30 e praticávamos T'ai Chi num parque defronte à sua escola. Mas não foi tão simples assim; primeiro eu tive de convencer Mestre Kuo a nos aceitar como seus alunos particulares.

MINHA PRIMEIRA AULA DE T'AI CHI

Mestre Kuo estava, na época, na casa dos setenta, mas movia-se com a rapidez e a graça de um jovem de vinte anos. Para ser franco, ele se movia como um tigre. Com sua cabeça raspada, ele me recordava meu professor de artes marciais de Hong Kong, um monge budista. Mas eu não poderia dizer a idade do mestre. Ele não tinha apenas o corpo de um jovem: olhava-me com os olhos penetrantes de uma águia. Quando falava, sua voz enchia o salão.

"Por que você quer aprender T'ai Chi Ch'uan?", perguntou ele.

Eu lhe disse que havia sido bem treinado e fora um bom aluno quando adolescente e queria ver o que lembrava de meus estudos. "O senhor quer ver o que posso fazer?", perguntei-lhe.

"Não se preocupe", respondeu ele. "Como todos os outros, você terá de aprender desde o começo."

Expliquei-lhe que tinha de viajar oitenta quilômetros até San Francisco e que não estudaria em sua academia a não ser que ele me ensinasse em particular e pessoalmente. Mestre Kuo pareceu gostar de minha franqueza: sorriu e concordou.

Ao encontrá-lo na manhã seguinte, perguntei: "O que é T'ai Chi?"

Mestre Kuo respondeu: "T'ai Chi é *yin e yang* trabalhando juntos."

Perguntei: "O que são *yin* e *yang?*"

Mestre Kuo respondeu: "*Yin* e *yang* são tudo."

Redargüi: "Então T'ai Chi é tudo trabalhando junto como uma só coisa."

Ele sorriu.

Eu perguntei: "Como posso aprender T'ai Chi?"

Mestre Kuo respondeu: "Praticando T'ai Chi conscientemente." Ele fez uma breve pausa e acrescentou: "Você saberá o que é T'ai Chi quando puder vencer um adversário que golpeie mais rápido do que você sem nenhum movimento e quando puder superar a força dele de quinhentos quilos com apenas quinhentos gramas."

No dia seguinte encontrei Mestre Kuo escrevendo no quadro do estúdio: "Para mover-se, deixe que tudo se mova junto. Para estar quieto, deixe que tudo fique quieto junto."

Essa foi a nossa primeira aula relativa ao princípio do T'ai Chi.

A MUDANÇA CHEGA NATURALMENTE

Todos nós praticávamos conscientemente. O título de mestre de quarta geração de Kuo Lien-Ying anunciava que ele era um grande mestre; seu modo de ser e portar-se deixava isso claro. Embora sempre começássemos sozinhos com Mestre Kuo, pelas 6h30 o parque ficava cheio de alunos, todos ansiosos por aprender com ele ou simplesmente desejosos de praticar perto dele.

Após um ano de prática, entretanto, a asma reapareceu; dessa vez o ataque durou apenas alguns dias e o período de recuperação foi de dias, em vez de semanas. No final da estação, tendo padecido cerca de um quarto das aflições costumeiras, eu estava muito satisfeito com meu progresso. Pela primeira vez, em muitos anos, não perdi um dia sequer de trabalho.

Durante essa breve recaída, continuei a praticar com Mestre Kuo. Eu ofegava, mas pelo menos podia respirar. Mestre Kuo, vendo minha dificuldade nos movimentos, ensinou-me um exercício de T'ai Chi feito de pé e que ele denominava o "Tronco Universal". Depois de praticar esse movimento por alguns dias, fiquei pasmo ao constatar que alguns sintomas da minha febre do feno haviam desaparecido. Eu então praticava esse exercício regularmente (veja pág. 159). Como descobri mais tarde, o "Tronco Universal" é um exercício de Ch'i Kung que Mestre Kuo havia incorporado ao seu treinamento de T'ai Chi.

À medida que praticava conscientemente, semana após semana eu me fortalecia e me sentia melhor. Alguns dirão que superei minhas alergias porque acreditava que iria superá-las. Mestre Kuo diria que eu tinha aprendido a trabalhar com os elementos *yin* e *yang* e a desenvolver o poder de cura interior. Seja como for, após dois anos de T'ai Chi Ch'uan, quinze anos de alergias tinham desaparecido completamente.

MUITAS HISTÓRIAS DE SUCESSO

Histórias de curas através do T'ai Chi são familiares a todos os que o praticam. Entre nossos alunos, temos observado melhoras espantosas. Alguns alunos deram início ao T'ai Chi depois de verem frustradas suas tentativas de curar a artrite. Um estudante, especialista em acabamento de móveis, tinha recebido o diagnóstico de artrite degenerativa que afetava seus ombros, mãos e a parte superior dos braços. Ele descobriu que com o T'ai Chi sua dor desapareceu. Como minhas alergias, a melhora foi extraordinariamente rápida; escreve ele:

> Durante dois anos, não conseguia dormir de nenhum dos lados — apenas conseguia deitar-me de costas. Para poder dormir, eu precisava tomar aspirina três vezes por noite. Sentia dores terríveis ao vestir minha camiseta e ao levantar o braço esquerdo acima da cabeça.
>
> Entre o terceiro e quarto mês de prática do T'ai Chi, a dor havia reduzido tanto que eu já não precisava tomar aspirina, e comecei a dormir deitando-me de ambos os lados. A dor havia desaparecido. Consegui usar meu braço esquerdo totalmente e podia estendê-lo em qualquer direção sem dor. Em seis meses eu estava totalmente livre de quaisquer efeitos da artrite.[6]

Segundo o relato da esposa desse aluno, ele sofria de dores havia quase sete anos. Tinha desistido de tomar remédios após alguns anos devido a seus efeitos colaterais. E todavia passou a recobrar sua flexibilidade, sua energia e sua sensação de bem-estar depois de apenas seis semanas de prática de T'ai Chi.

Outra aluna, uma senhora de mais idade cujas mãos estavam seriamente inchadas pela artrite, relatou:

> Minhas mãos estão agora flexíveis e quase já posso fechá-las — e o inchaço diminuiu tanto que não posso usar meus anéis sem perdê-los, porque foram aumentados para adaptar-se à mão com artrite.[7]

Um outro percebeu que a prática do T'ai Chi e do Ch'i Kung foi útil para a artrite e para as dores nas costas:

> Há cerca de dois anos comecei a desenvolver rigidez e dor em minhas mãos. Meus dedos estavam tão rígidos, inchados e doloridos que eu tinha dificuldade até de segurar a escova de dentes. Minhas mãos não tinham força para levantar um objeto comum, como um saquinho de leite de dois litros. Eu não conseguia girar a torneira do chuveiro com uma mão. No exame médico, ficou claro que não havia muita coisa que eu pudesse fazer senão viver com isso, fazer exercícios e tomar aspirina para a dor. De maneira geral, era uma experiência desanimadora, assustadora.
>
> Minha esposa e eu começamos a participar de suas aulas de T'ai Chi e as coisas começaram a acontecer. Depois dos primeiros dois ou três meses, minhas mãos e dedos começaram a melhorar. O movimento retornou e a dor diminuiu. Em meados de janeiro, os sintomas da artrite quase haviam desaparecido. Minha aliança de casamento e um anel que eu usara por muitos anos puderam ser novamente colocados no dedo, depois de quase um ano e meio de desuso. Hoje minhas mãos e dedos estão perfeitamente normais.
>
> Tive também problemas de saúde com a região lombar por mais de vinte e cinco anos. Durante todo esse tempo eu fazia visitas regulares ao quiroprático para reajustes e manutenção geral. Via de regra, ao ficar sobre duas balanças, com um pé em cada uma, no consultório médico, meu peso aumentava em torno de sete quilos num dos lados devido ao desequilíbrio da região lombar. Hoje a diferença está em torno de um quilo, o que é perfeitamente normal. Mais uma vez, o T'ai Chi e o Ch'i Kung vieram em meu socorro.
>
> Minha mulher e eu nos sentimos melhor, temos mais energia e geralmente estamos em "alta" a maior parte do tempo. Ambos sempre alimentamos pensamentos positivos (como você sabe, sou um instrutor do sistema Dale Carnegie), mas essa positividade está sendo constantemente reforçada dentro de nós pela prática do T'ai Chi e do Ch'i Kung.[8]

Esse aluno obteve tal recuperação em suas mãos que chegou a comprar um piano novo.

Um estudo de pacientes de artrite feito na Escola de Medicina da Universidade de Illinois mostra que a experiência de nossos alunos ocorre também em outras circunstâncias:

> Depois de dez semanas de prática de T'ai Chi Ch'uan, sete pessoas diminuíram em 17,7 por cento o tempo que levavam para caminhar 150 metros; sua força de pressão aumentou 32,6 por cento no braço direito e 40,7 por cento no esquerdo, e a fraqueza nas juntas caiu 37,5 por cento.[9]

As enxaquecas também reagem ao T'ai Chi. Uma de nossas alunas, editora técnica, assim descreveu sua experiência:

Durante quase vinte anos, antes de aprender o T'ai Chi, tive enxaquecas muito dolorosas, geralmente uma ou duas vezes por mês. Eram enxaquecas clássicas, com visão anuviada e náuseas. Às vezes eu tinha que ficar acamada o dia inteiro e no dia seguinte ainda sentia dores. Vários remédios me foram receitados, mas sem êxito. No entanto, depois de aprender T'ai Chi em 1976, tive apenas algumas enxaquecas; essas ocorreram em momentos de tensão fora do comum, mas eram menores e não duravam muito. Não há dúvida de que essa melhora é devida aos efeitos benéficos do T'ai Chi sobre a mente e o corpo.[10]

T'AI CHI E O LOCAL DE TRABALHO

Embora a prática do T'ai Chi possa ter uma influência positiva sobre as doenças psicossomáticas, ela oferece um benefício ainda maior. Impedindo o desenvolvimento da tensão, o T'ai Chi faz com que as pessoas saudáveis permaneçam saudáveis. Para ilustrar isso, veja-se a experiência de outro aluno, que havia aprendido várias lições de T'ai Chi: relaxamento, respiração regular e controle de sua energia interior com o pensamento. Ele percebeu que essas habilidades tornaram-se uma questão de sobrevivência em seu trabalho:

Meu telefone tocou e a pessoa que chamava me informou que havia um problema sério num trabalho que eu acabara de terminar. Disse que parecia tratar-se de um grande erro e que tornaria a me chamar muito breve para pôr-me a par da tremenda confusão que eu havia feito. Parecia irritada.

Quando desliguei, sentei-me simplesmente e lembrei-me de respirar. Após três ou quatro respirações longas e profundas, minha mente já estava calma. Se cometera um erro, estava pronto para corrigi-lo. Se alguém estava irritado comigo, eu podia esperar até que se acalmasse.

No exato momento em que eu dizia a mim mesmo: "Dois anos atrás eu estaria subindo pelas paredes por causa disso...", o telefone voltou a tocar. Era a pessoa que acabara de me ligar. "Desculpe-me", disse. "O erro foi nosso; seu trabalho está ótimo."[11]

Momentos tensos como este nos pegam de surpresa todos os dias. Você não precisa de um inimigo pronto para atacá-lo para sentir-se em perigo físico; sua própria resposta à tensão pode elevar sua pressão sangüínea, acelerar suas pulsações cardíacas e fazê-lo respirar de um modo totalmente irregular. O impulso para "lutar ou fugir" ainda funciona em nós tal como funcionava com nossos ancestrais.

Muitas pessoas previnem a tensão reforçando os músculos do coração e dos pulmões por meio de exercícios cardiovasculares pesados como o *racquetball* ou o *cooper*. Mas existe um outro meio: você pode muito bem cuidar do seu coração ensinando o corpo e a mente a protegê-lo dos choques e fortalecendo-o a partir do interior, usando a energia *ch'i*. A tensão emocional é como um inimigo violento que nos ataca de dentro. Felizmente, pela prática das lições do T'ai Chi Ch'uan, você pode aprender a abatê-lo. Uma mente tranqüila, descontração, respiração regular e movimento controlado podem fazer recuar um ataque "interno" de emoções estressantes. Parafraseando um antigo adágio, com o T'ai Chi Ch'uan você pode "derrotar uma força de quinhentos quilos de *emoção* com apenas quinhentos gramas de *intenção*". O T'ai Chi Ch'uan nos ensina a esquivar-nos da tensão e a lidar calmamente com os problemas *como* problemas. O T'ai Chi não cura somente os nossos corpos; ajuda-nos também a prevenir, o que é muito melhor do que remediar.

CURA

A cura do corpo é um processo natural. Todos já tiveram ocasião de ver esse processo em funcionamento centenas de vezes e com todos os tipos de ferimentos — desde a picada de um mosquito e a mordida de uma criança até cortes profundos e ossos quebrados. Na China, a acupuntura e a acupressura são consideradas facilitadoras desse processo de cura natural. Não é de admirar, portanto, que muitas doenças tratadas pela acupuntura reajam à prática do T'ai Chi Ch'uan. Como explicam os médicos chineses, o fluxo da energia interior ou *ch'i* promove a cura. Quando esse fluxo é fraco ou intermitente, o corpo não consegue recuperar-se de modo pleno e rápido dos numerosos grandes e pequenos ferimentos de que é vítima no curso da vida ordinária. Quando o fluxo é forte e regular, o poder do *ch'i* pode curar os nervos, os músculos e as membranas, de modo que doenças como alergias, dores de cabeça, pressão alta, dores lombares e artrite desaparecem. Quando seu corpo fica relaxado, sua mente calma e sua respiração e movimentos suaves e equilibrados, o corpo cura-se a si mesmo naturalmente.

REPONHA A SUA ENERGIA

A lição de uma criança ensinou-me um modo de pensar que pode ser útil a todos nós. Emily e eu fomos a uma reunião na escola de nossa filha. A professora dela deu as boas-vindas aos pais apresentando os resultados de uma tarefa que havia pedido aos alunos com o objetivo de conhecer algo mais de cada um deles. Ela havia pedido às crianças que fizessem uma lista de vinte e cinco coisas que ela faziam bem. A lista da nossa filha começava com "Ajudar minha mãe" e terminava com "Amar a mim mesma".

Ajudar os outros e amar a si mesmo andam juntos. Todos nós despendemos tempo fazendo coisas para os outros. A maioria de nós trabalha. A maioria de nós se preocupa com a família, com a casa ou com os amigos. Com compromissos e responsabilidades tomando conta da nossa mente, não raro reservamos pouco tempo para repor a nossa energia e recompor o nosso ser interior. O T'ai Chi pode fazer isso por nós. Os exercícios que você aprendeu propiciam-lhe quinze minutos de movimento tranqüilo todos os dias. Esses exercícios o prepararão para enfrentar cada dia com força e serenidade ou para relaxar e livrar-se da tensão depois de um dia de trabalho.

Depois do trabalho, ou durante o dia, você pode precisar de alguns minutos só para si. Seis ou sete minutos de meditação sentado ou de pé (o Tronco Universal) irão acalmá-lo e liberar a tensão do dia.

Com essas práticas e sua seqüência diária de T'ai Chi, você irá fortalecer sua força interior, sua energia vital. Que melhor caminho para ir ao encontro da saúde, da felicidade e do bem-estar? Os que aprendem a cuidar de si mesmos pela prática perseverante do T'ai Chi encontram força e vitalidade que jamais sonharam poder possuir. Eles aprenderam a verdade das palavras do velho filósofo:

> Aqueles que realmente conhecem a natureza da existência
> Nada fazem em excesso.
> E porque nada fazem em excesso,
> Satisfazem constantemente suas necessidades
> E ainda assim nada perdem.

OTIMIZAÇÃO DO SISTEMA DE APTIDÃO PESSOAL

7

À semelhança de toda a natureza, o ser humano é um *sistema*. A observação interior, o estudo do T'ai Chi e o meu hábito de engenheiro de analisar metodicamente as coisas levaram-me a dividir esse sistema em quatro partes: o corpo, a mente, o fluxo de energia no corpo e o fluxo de pensamentos na mente. Se uma parte do sistema apresenta um funcionamento imperfeito, todo o sistema estará prejudicado. O ponto crucial consiste em manter o fluxo de energia percorrendo regularmente o corpo e o fluxo do pensamento fluindo através da mente. Você poderia dizer que esta é a visão de um engenheiro elétrico sobre o modo como funcionamos. Mas é quando você trabalha, como eu, com sistemas de aceleradores e de computadores, sistemas que dependem da força elétrica, que você se dá conta da importância do princípio do fluxo. O mais poderoso fluxo de força — capaz de ligar todas as luzes de San Francisco — pode ser interrompido pela mais diminuta das imperfeições no sistema. Um pequeno conector deixa de cumprir sua função, e o empreendimento todo entra em colapso.

O sistema humano é ainda mais complexo do que os nossos computadores e aceleradores. Não é lógico pensar que também nele um pequeno relé pode danificar o todo? Ou, inversamente, que manter a corrente fluindo pode ajudar o sistema a restabelecer o seu equilíbrio? Se assim é, então um sistema de movimentos projetado para estimular o fluxo da energia e o fluxo do pensamento conscientemente dirigido poderia muito bem ter uma influência positiva sobre a saúde. Como sabemos por experiência, o T'ai Chi, esse conjunto prático de exercícios aperfeiçoado por muitas gerações de instrutores e alunos, tem na verdade uma influência positiva poderosa.

BEM-ESTAR MÁXIMO

Para mim, o círculo *yin-yang* representa juventude e bem-estar. De uma maneira simbólica, ele também nos ensina a preservar essas qualidades.

As duas metades do círculo representam o eu e o bem-estar (ou saúde vigorosa), duas partes interdependentes de um único todo. Quantas vezes você já ouviu alguém dizer: "Estou tão cansado que hoje não sou eu mesmo"? Quando o eu é prejudicado por fadiga, doença ou perturbação emocional, ele parece perder sua natureza. Quando o eu e o bem-estar estão unidos, nós nos sentimos inteiros e completos. Somos um: fortes como a forma perfeita, o círculo; e plenos, como o círculo, de uma sensação de bem-estar. O filósofo Lao Tsé enaltecia a unicidade e a associava à serenidade de um céu límpido, à solidez de uma terra inabalável e à fertilidade de uma natureza não-violada:

> Em virtude do Uno, o céu é límpido;
> Em virtude do Uno, a terra é firme:
> Em virtude do Uno, o vale é repleto;
> É o Uno que faz deles o que são.[1]

Aprofundando um pouco mais esta interpretação, podemos dizer que o eu controla o bem-estar e que o bem-estar influencia o eu. Se o bem-estar é o lado negro do círculo *yin-yang*, vemos que ele contém um pequeno círculo de luz. Este simboliza o poder do eu — da atitude, da mente ou do pensamento — sobre o nosso bem-estar.

TOP DOWN OU BOTTOM UP?

O círculo do T'ai Chi é um símbolo universal e poderoso. Símbolo menos universal, mas forte e pessoal para mim, é o computador. No nível físico básico, um computador é um conjunto de interruptores. A linguagem que o computador fala, linguagem de máquina, é uma linguagem binária composta de duas palavras: "Liga" e "Desliga". E no entanto um computador pode controlar os processos que põem em funcionamento uma linha de montagem de automóveis, uma siderúrgica ou um acelerador de pesquisas de alta energia. Ou ele pode acessar grandes armazenamentos de dados e imprimir, em linguagem que os seres humanos podem entender, o diagnóstico de uma doença, o resultado de um conjunto de equações ou os títulos de cinqüenta artigos recentes sobre a tensão.

O que une essa máquina física com sua linguagem sim-não às abstrações de alto nível da física atômica? É o programa do computador, uma série de definições e instruções que informam ao computador o modo de executar uma tarefa. No seu aspecto mais elevado, um programa está ligado a uma abstração — o objetivo complexo na mente do usuário. No seu aspecto inferior, ele traduz — em código de máquina — a linguagem de liga e desliga. Nesse contexto global, a tarefa do programador é transformar as abstrações em instruções apropriadas à arquitetura da máquina ou chegar a abstrações complexas utilizando a limitada linguagem da máquina.

A programação pode ser feita pelos processos *bottom up* ou *top down*. A programação *bottom up* começa com a máquina, suas características e limitações. Nesse método, "os mais baixos níveis de instrução são combinados de modo a formar uma operação de alto nível, que por sua vez pode ser utilizada na formulação de rotinas de níveis ainda mais elevados".[2] Uma programação *bottom up* começa com os detalhes. Por outro lado, a programação *top down* tem início com uma estrutura global simples. Ela decompõe essa estrutura em componentes menores, descrevendo-os e apurando-os em cada nível até que a estrutura toda esteja inteiramente detalhada.

Meu trabalho é o controle *top down* de aceleradores. Eu começo com o que a equipe responsável da SLAC deseja que um acelerador faça, traduzo essa intenção em equações matemáticas e providencio para que essas equações se transformem num modelo de base computatória do desempenho do acelerador. Se tudo corre bem, um feixe de partículas colide no ponto e do modo que deve, e é dado um passo a mais no experimento. Se algo de errado ocorre, estudo o problema por ambos os lados. Se o problema ocorreu com o maquinário do acelerador, ou do computador, ou com os detalhes do programa, o mesmo deve ser resolvido pelo método *bottom up*. Muitas vezes, porém, a solução é encontrada no topo: a intenção ou sua expressão em equações e no modelo é que precisam ser modificadas.

Para mim, esse processo é uma metáfora adequada para a prática auto-orientada do T'ai Chi: a mente elabora uma intenção, os pensamentos (como equações) criam um modelo dessa intenção, o *ch'i* (como sinais elétricos) segue o modelo e guia o corpo, e o corpo responde. O T'ai Chi é um processo *top down*. Esse processo é cheio de poder: ele não apenas controla seus movimentos físicos, tornando-os mais suaves, mais bem coordenados e mais relaxados, mas ainda revigora o seu eu. O controle dos movimentos do seu corpo fortalece o seu controle sobre a mente e a vontade. É por isso que os alunos de T'ai Chi estão em melhores condições de alcançar seus objetivos.

Mas os movimentos do T'ai Chi também operam segundo o modelo *bottom up:* ao movimentar-se, o corpo ativa a circulação do *ch'i*. O fluxo regular do *ch'i* aprimora o desempenho do corpo e ao mesmo tempo ordena os pensamentos. Assim, pela via *top down* ou pela via *bottom up*, os lentos, regulares e ordenados movimentos do T'ai Chi reúnem o corpo e a mente numa unidade. A prática do T'ai Chi forma um sistema de retroalimentação que pela união íntima do corpo e da mente aprimora o desempenho e a qualidade de ambos.

OTIMIZANDO O SISTEMA TODO

Para usar outra metáfora, a prática do T'ai Chi ativa o que eu chamo de "sistema de adequação" (Veja Figura 7-1). Aprender a controlar a mente e o corpo através dos pensamentos e do *ch'i* significa ação de realização e ação de controle. Esse controle significa que podemos agir sobre os outros para promover a harmonia entre nós mesmos e eles. Os resultados? *Harmonia:* dar-se bem com os outros. *Saúde:* equilíbrio e plenitude de mente e corpo. *Cura:* o processo pelo qual o corpo repara as avarias do desgaste costumeiro. *Felicidade:* a sensação agradável que você tem quando seu corpo e sua mente estão tranqüilos.

Esses quatro atributos — o poder de autocura, o equilíbrio da saúde, a felicidade dentro de nós e a harmonia com os que nos rodeiam — são essenciais ao eu. Eles formam um sistema; se um falha, os outros também falham. Se os enquadramos num diagrama (como na Figura 1-2, página 25), eles são como os quatro lados de um quadrado, cada um sendo essencial aos demais. Se não conseguimos dar-nos bem com os outros, não somos felizes. A falta de felicidade afeta, através da mente, os processos de cura que mantêm a saúde do corpo. Inversamente, um ferimento que não sara ou uma doença persistente diminui a nossa felicidade e a nossa habilidade de nos relacionarmos bem com os outros.

Figura 7-1

Esta figura ilustra o sistema de adequação do T'ai Chi. O T'ai Chi exercita a mente, o corpo, os pensamentos e o *ch'i*. Através do T'ai Chi você pratica uma ação mental e física, um exercício interno e externo. Pelo fortalecimento do seu controle sobre suas ações a partir do interior, você se prepara para obter harmonia (dar-se bem com os outros), saúde (cuidado consigo mesmo), cura (deixar que a natureza faça o seu trabalho sem obstáculos) e felicidade (o resultado de tudo isso.)

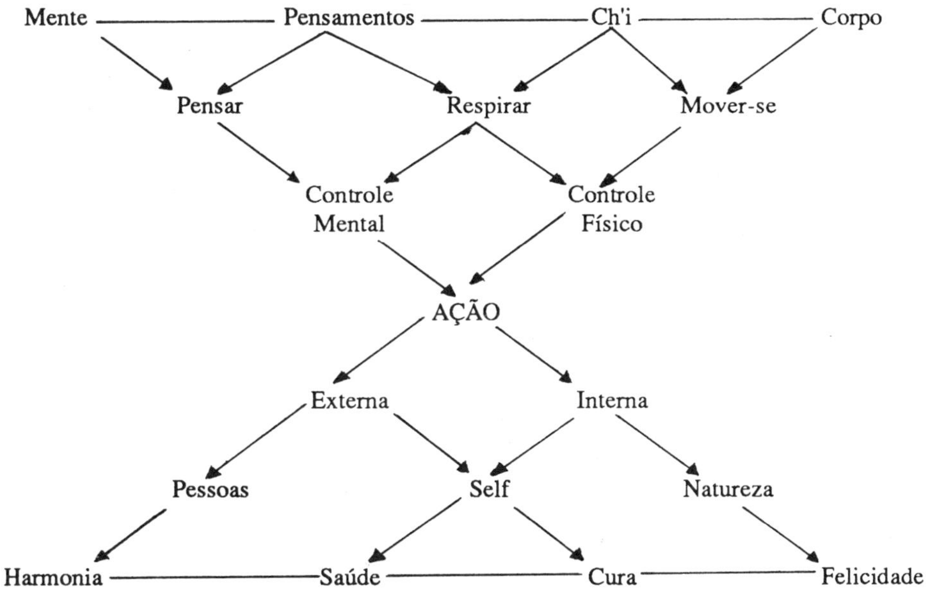

Quando os movimentos rítmicos, suaves, do T'ai Chi têm um efeito curativo sobre algumas doenças e ferimentos, ou quando o efeito calmante desses mesmos movimentos propiciam harmonia e felicidade, o T'ai Chi, por operar sobre um desses processos, opera sobre todos. Beneficiando todo o sistema de adequação, ele ajuda todos nós a conquistar o bem-estar máximo.

NOTAS

Capítulo 1

1. Essas afirmações pessoais são de alunos das turmas de 1985 a 1988.

Capítulo 2

1. *Tao Teh King* de Lao Tzu, *Interpreted as Nature and Intelligence* por Archie J. Bahm (Nova York: Frederick Ungar Publishing, 1958), p. 60.
2. Citado em Fritjof Capra, *The Turning Point: Science, Society, and the Rising Culture* (Nova York: Bantam Books, 1983), p. 62. (*O Ponto de Mutação — A Ciência, a Sociedade e a Cultura Emergente*. Editora Cultrix, São Paulo. 1986.)
3. Deng Ming-Dao, *The Wandering Taoist* (San Francisco: Harper & Row, 1983), pp. 115-16.
4. Capra, *The Turning Point*, p. 314.
5. David Eisenberg, *Encounters with Qi* (Nova York: Penguin Books, 1987), pp. 89-90.
6. *Ibid.*, p. 43.
7. *Ibid.*, p. 44.
8. *The New York Times* (2 de dezembro de 1986), p. 18.
9. Capra, *The Turning Point*, p. 314.
10. Michael Browning (Knight-Ridder News Service), "Take 220 Volts and Call Me Later", *The San Jose Mercury News* (7 de janeiro de 1988).
11. "Electricity Promising in Treating Ulcers", *The San Jose Mercury News* (25 de junho de 1987).
12. Shiao-Lin é o nome de um famoso templo budista a noroeste da China onde, há apenas cem anos, três mil monges estudavam budismo e artes marciais. (Um programa de televisão muito popular narra as aventuras fictícias de um monge Shiao-Lin na Califórnia.)
13. Na Universidade Estadual de San José, com William Winter, professor de psicologia, e em Palo Alto com Benjamin Chen, professor de física da Universidade da Califórnia em Riverside.

14. O experimento, realizado por médicos da Western Reserve University, é descrito por Edward Maisel in *Tai Chi for Health* (Nova York: Holt, Rinehart and Winston, 1972), pp. 53-54. (1ª edição em 1963.)
15. Gordon Rattray Taylor, *The Natural History of the Mind* (Nova York: Penguin, 1981), pp. 145-46.
16. *The New York Times* (2 de dezembro de 1986).

Capítulo 3

1. Lao Tzu, *Tao Teh King, Interpreted as Nature and Intelligence,* traduzido por Archie J. Bahm, p. 12 (adaptado por JoAn Johnstone).
2. Acredita-se que Wang Tsung-Yueh era o aluno preferido de Chang San-Feng, a fonte tradicional do T'ai Chi Ch'uan. Ele é o pretenso autor de um comentário sobre um dos primeiros textos sobre T'ai Chi. Esta tradução é extraída de Kuo Lien-Ying, *Tai Chi Chuan in Theory and Practice* (editora e data não indicadas, Taiwan), 7. O tradutor é anônimo.
3. Eisenberg, *Encounters with Qi,* p. 37.
4. Kuo Lien-Ying, *Tai Chi Chuan,* p. 3.
5. "How Brain Programs Itself to Concentrate on Tasks", *The San Jose Mercury News* (3 de fevereiro de 1987).
6. No experimento dirigido por Gevins, sete homens foram equipados com eletrodos sobre a cabeça e deviam responder rapidamente a um número projetado numa tela. Eles pressionavam um botão correspondente ao número que viam (eram usados números de 1 a 9), enquanto os eletrodos registravam mudanças de voltagem no grupo de neurônios próximo a cada eletrodo. Os pesquisadores compararam a forma das ondas gravadas pelos diversos pares de eletrodos e concluíram que formas de ondas semelhantes significavam que aquelas áreas do cérebro estavam desempenhando funções correlatas. Em seguida, eles mapearam sinais semelhantes. Descobriram que, pouco antes que os homens pressionassem os botões, diferentes grupos de neurônios próximos à superfície do cérebro começavam a interagir entre si. A atividade nas redes começava quando os homens se concentravam na tarefa, preparando-se para responder. O que era mais interessante ainda era que os mapas de respostas que acabaram sendo corretos eram muitas vezes diferentes dos mapas de respostas incorretas. Em dois terços das vezes, examinando os traçados de conexão estabelecidos pelo cérebro na fração de segundo antes que os homens se mexessem para pressionar o botão, os pesquisadores podiam prever se a resposta a ser dada seria correta ou não.
7. Taylor, *The Natural History of the Mind,* pp. 62-63.
8. Chang San-Feng, in Kuo, *Tai Chi Chuan,* p. 1.
9. [Wu Yu-Hsiang], in Kuo, *Tai Chi Chuan,* p. 3.
10. Carta pessoal, 1987.
11. Chang San-Feng, traduzido por Benjamin Pang Jeng Lo, *The Essence of T'ai Chi Ch'uan* (Berkeley, Califórnia: North Atlantic Books, 1979), p. 22.
12. Carta pessoal, 1987.
13. Lao Tzu, *Tao Teh King* (adaptado por JoAn Johnstone).
14. Emmett E. Miller com Deborah Lueth, *Self Imagery: Creating Your Own Good Health* (Berkeley, Califórnia: Celestial Arts, 1986), p. 52. (Edição atualizada; primeira edição publicada pela Prentice Hall, 1978.)
15. Lao Tzu, *Tao Teh King,* p. 66 (adaptado por JoAn Johnstone).
16. Wang Tsung-Yue, in *Tai Chi Chuan* por Kuo Lien-Ying.

17. Lawrence Galante, *Tai Chi: The Supreme Ultimate* (York Beach, Maine: Samuel Weiser, 1981), pp. 23-25. O autor dá erroneamente o nome de Wang como Wong e sua idade como 114.
18. Eisenberg, *Encounters with Qi,* pp. 40-41.
19. "Man Takes 115-Foot Fall to Dodge Car", *The San Jose Mercury News* (22 de janeiro de 1988).

Capítulo 4

1. David Eisenberg, *Encounters with Di* (Nova York: Viking Penguin, 1987), pp. 139, 146-47, 224-25.
2. Joseph Needham, citado em Edward Maisel, *Tai Chi for Health* (Nova York: Holt, Rinehart and Winston, 1972), pp. 28-29.

Capítulo 5

1. Fotografia in Lawrence Galante, *Tai Chi: The Supreme Ultimate* (York Beach, Maine: Samuel Weiser, 1981), p. 18.
2. Ilustração in Mark Salzman, "Wushu: Meditation in Motion", *The New York Times Magazine,* Parte 2, 29 de março de 1987.
3. Na tradução de Benjamin Pang Jeng Lo, *The Essence of T'ai Chi Ch'uan* (Berkeley, CA: North Atlantic Books, 1979).

Capítulo 6

1. Lao Tzu, *Tao Teh King* (adaptado por JoAn Johnstone).
2. Scott M. Fishman e David V. Sheehan, "Anxiety and Panic: Their Cause and Treatment", *Psychology Today* (abril de 1985), pp. 26-30.
3. M. P. Shanahan e R. N. Hughes, "Potentiation of Performance-Induced Anxiety by Caffeine in Coffee", *Psychological Reports 59* (agosto de 1986), pp. 83-86.
4. "Depression", *Newsweek* (4 de maio de 1987), p. 48.
5. Joseph A. Califano, Jr., "The Health-Care Chaos", *The New York Times Magazine* (20 de março de 1988), p. 58. Os dados referem-se ao ano de 1987.
6. Carta pessoal, 6 de março de 1984.
7. Carta pessoal, 10 de fevereiro de 1984.
8. Carta pessoal, 15 de novembro de 1982.
9. Relatado in *Weekly World News* (26 de agosto de 1986), p. 5.
10. Carta pessoal, outubro de 1987.
11. Anedota pessoal, abril de 1987.

Capítulo 7

1. Lao Tzu, *Tao Teh King,* traduzido por D. C. Lau (Baltimore: Penguin Books, 1963), p. 100 (adaptado por JoAn Johnstone).
2. Dennis Longley e Michael Shain, *Dictionary of Information Technology* (Nova York: Oxford University Press, 1986), p. 38.

Martin e Emily Lee

JoAn Johnstone

OS AUTORES

Emily Lee

Nascida na China, Emily Lee foi residir em Taiwan quando estava com 10 anos e posteriormente nos Estados Unidos aos 17 anos de idade. Ela e Martin Lee encontraram-se e casaram-se ainda quando estudantes na Universidade da Califórnia em Berkeley.

A Sra. Lee iniciou seu treinamento em artes marciais em 1968. Logo que deu início aos estudos, ela soube que estava entrando em contato com o que realmente queria dominar — a filosofia e a prática das artes marciais internas chinesas. Durante seus dez anos de estudo com Mestre Kuo Lien-Yin, fundador da Escola de T'ai Chi Ch'uan Lien Yin de San Francisco, especializou-se tanto em T'ai Chi Ch'uan quanto em Pa Kua Chuan, uma arte marcial interior que exige grande disciplina física e mental. Emily Lee foi a única mulher que Mestre Kuo aceitou como aluna de sua arte mais preciosa, o Pa Kua Chuan.

Depois de cinco anos de treinamento intensivo, e com a permissão de seu instrutor, Emily começou a ensinar T'ai Chi Ch'uan com seu marido — uma inestimável contribuição que vêm prestando à comunidade ao longo destes últimos vinte anos. Juntos fundaram o Centro Cultural T'ai Chi em 1978.

Como decorrência da sua compreensão dos princípios e da filosofia subjacentes ao Hsing Yi e ao Ch'i Kung — resultado de dois anos de estudo em tempo integral com o Professor Yu Pen-Shi e sua esposa, Ou-Yang Min, que residiam em sua casa —, a Sra. Lee tornou-se uma das mais populares e entusiastas instrutoras na área da baía de San Francisco.

Ela é uma das poucas mulheres consideradas mestres de T'ai Chi especialista no sistema das artes marciais chinesas.

Martin Lee

Nascido e criado na China, Martin Lee veio adolescente para Stockton, Califórnia, onde cursou os dois últimos anos do 2º Grau e a faculdade. Graduou-se em ciências pela Universidade da Califórnia em Berkeley, em 1960, e obteve o título de Mestre em Ciências na Universidade de Nova York, em 1962. Seu Ph.D. em engenharia elétrica é de 1967, pela Universidade de Stanford.

A carreira profissional do Dr. Lee abrange dois anos (1960-1962) como membro da hierarquia superior da empresa Bell Telephone Laboratory, cinco anos (1962-1967) como engenheiro de microondas no Stanford Linear Accelerator Center (SLAC) e dois anos (1967-1969) como físico em aceleradores no Brookhaven National Laboratory. Desde 1969 ele trabalha como engenheiro físico no SLAC.

Especialista internacionalmente reconhecido no campo de sistemas de controle de aceleradores, o Dr. Lee já publicou mais de cinqüenta artigos técnicos e prestou serviços de consultoria a centros e laboratórios de aceleradores em todo o mundo, como também a muitas companhias aeroespaciais e a indústrias de defesa nos Estados Unidos.

Como ele próprio relata na introdução, o Dr. Lee encontrou no T'ai Chi a cura para suas graves alergias e para a asma, e seus estudos o levaram à presente condição de mestre de T'ai Chi. Graças ao seu treinamento e interesse científicos, o Dr. Lee pôde desenvolver uma abordagem sistemática da compreensão e prática do T'ai Chi e do Ch'i Kung. Ele e sua esposa, Emily, instituíram um curso de T'ai Chi para adequação total através do qual já ensinaram centenas de alunos. Produziram também um videotape, ADEQUAÇÃO MENTE-CORPO, como complemento visual deste guia para o caminho da saúde via T'ai Chi.

JoAn Johnstsone

JoAn Johnstone nasceu em Corvallis, Oregon. Cursou a Faculdade Pomona, em Claremont, Califórnia, e obteve o doutorado em literatura inglesa na Universidade da Califórnia em Berkeley. Ensina inglês na Universidade de Stanford, na Faculdade Hunter e em vários colégios comunitários da Califórnia. Durante vários anos trabalhou como editora ligada a um grupo de *freelancers* de Berkeley. Reside atualmente em Middletown, Connecticut, com seu marido, William Chace, presidente da Wesleyan University. Nessa universidade ela ministra um curso introdutório de T'ai Chi.

FONTES DAS ILUSTRAÇÕES

Página	
11	Pintura a tinta de Andrea Hendrick.
19	Fotografia de Mestre Kuo Lien-Ying, por Wallace Crane.
20	Desenho de W. Steig; © 1986, *The New Yorker Magazine*, Inc. Reproduzido com permissão.
28	*Lao Tzu Riding an Ox*, de Chao Pu-Chih (1053-1110 d.C.).
31, 40	Caligrafia do Professor Chuang Yin.
42	Fotografia por Peter Crawford. © *Surfer Magazine*. Reproduzido com permissão.
56	Fotografia, cortesia do Asian Art Museum de San Francisco, The Avery Brundage Collection (código de acesso B60 B1034).
162	Fotografias de Martin Lee por Lynn Hunton.
172	Fotografia de uma das aulas de T'ai Chi ministrada por Lee por Lynn Hunton.
182	Fotografia de Martin e Emily Lee por Lynn Hunton. Fotografia de JoAn Johnstone por John Montre.

Leia também:

TAI-CHI CHUAN –
ARTE MARCIAL, TÉCNICA DA LONGA VIDA

Catherine Despeux

O Tai-chi Chuan — ou Taiji quan — classificado pelos chineses entre as artes marciais, tinha na antigüidade chinesa um significado mais amplo que o atual e indicava igualmente a força de uma pessoa, sua bravura e habilidade.

A partir do século XX, porém, foi mudando de natureza e passou a ser cultivado, tanto na China como no Ocidente, com dois objetivos principais: como disciplina psicossomática e como arte marcial, embora sob este último aspecto seja menos conhecido no Ocidente.

Definido modernamente como "a arte da meditação em movimento", os movimentos flexíveis e lentos do Tai-chi Chuan promovem a harmonização das energias Yin e Yang através da coordenação entre consciência e respiração, libera as tensões corporais, e seu efeito terapêutico se faz sentir tanto sobre a saúde física como sobre a saúde mental.

Além disso, por utilizar e desenvolver a energia interior, essa antiga arte marcial se aparenta com as técnicas taoístas de longevidade, razão pela qual também é chamada de "a arte da longa vida".

T'AI CHI CH'UAN E MEDITAÇÃO

Da Liu

Fotografia de Reggie Jackson

O T'ai Chi Ch'uan foi conhecido, a princípio, apenas como uma das artes marciais. Contudo, posteriormente, ele se propagou como uma disciplina complementar da meditação, a fim de que se pudesse atingir ao mesmo tempo uma condição física saudável e a mais perfeita harmonia com a natureza.

Para o leitor não iniciado no assunto, este livro é uma ótima introdução tanto à prática do T'ai Chi Ch'uan como da meditação, pois não supõe nem exige conhecimento anterior. Da Liu nos fornece uma descrição clara dos métodos de meditação e dos exercícios, bem como uma explanação completa acerca das teorias que servem de base a essa arte, facilitando ao leitor o aprendizado e a assimilação das práticas e técnicas aqui descritas.

Passo a passo, o autor ensina como dar início à meditação, alerta quanto à postura correta do corpo ao meditar, ensina como conseguir a concentração e como fazer uso da meditação na vida diária. Junto com os movimentos básicos do T'ai Chi Ch'uan, Da Liu mostra como combinar gestos e meditação, capacitando o leitor a conseguir o equilíbrio entre os aspectos físicos e espirituais da sua personalidade.

O autor, presidente da T'ai Chi Ch'uan Society de Nova York, vem praticando e ensinando sua arte há quase cinqüenta anos.

EDITORA PENSAMENTO

CHI KUNG (QIGONG)

Wong Kiew Kit

A arte chinesa do Chi Kung tem se tornado cada vez mais famosa por melhorar a aptidão física e mental, desenvolver a vitalidade para os esportes e o sexo e ajudar na cura do *stress*, bem como de doenças crônicas e degenerativas.

Este guia claro e fácil de compreender, escrito por Wong Kiew Kit, grão-mestre reconhecido em todo o mundo, mostra como todos nós podemos nos beneficiar das técnicas do Chi Kung que cultivam a energia. Ele oferece um programa de exercícios agradáveis e úteis para que iniciantes e praticantes em geral possam melhorar seu bem-estar físico, mental e espiritual. O livro contém inúmeras ilustrações e inclui:

- Seqüências notáveis de exercícios dinâmicos
- Planejamento do seu programa de exercícios
- Técnicas para curar doenças
- O Chi Kung para os esportes e as artes marciais

"Este é um dos melhores livros sobre Chi Kung que já li. Wong Kiew Kit pratica e estuda Chi Kung há mais de 30 anos e escreve de uma maneira fácil de entender."

Holistic Health Magazine sobre *The Art of Chi Kung*

EDITORA PENSAMENTO

RESPIRAÇÃO ORIENTAL – Técnica e terapia

Takashi Nakamura

O treinamento sistemático para uma respiração correta – parte do milenar sistema médico oriental – promove bem-estar emocional, físico e mental. Este livro oferece exercícios de fácil compreensão, ilustrados com fotografias que tornam possível ao leitor o domínio perfeito dos seis estágios da respiração aqui ensinados.

A obra inclui uma introdução sobre as bases científicas da terapia respiratória, sobre os métodos de respiração, os exercícios auxiliares e os métodos de massagem – *shiatsu* – para aumentar a eficácia da terapia.

Takashi Nakamura, o autor, formou-se pelo Departamento de Sociologia da Universidade de Meiji Gakuin em 1962. Obteve o título de doutor em Ciências Humanas pela Graduate School of Komazawa University em 1973. Atualmente, é membro da Associação Japonesa de Psicologia, da Associação Japonesa de Psicologia Aplicada e da Associação Japonesa de Psicologia Clínica. Além de exercer a profissão de professor de psicologia clínica no Otani Gakuen Women's College, dirige o Child Problem Research Institute e o Oriental Respiratory Research Institute.

EDITORA PENSAMENTO

Richard Wilhelm

I CHING
O Livro das Mutações
Prólogo de C. G. Jung

Depois de amplamente divulgada em alemão, inglês, francês, italiano e espanhol, aparece pela primeira vez em português a mais abalizada tradução deste clássico da sabedoria oriental — o *I Ching,* ou *Livro das Mutações* —, segundo a versão realizada e comentada pelo sinólogo alemão Richard Wilhelm.

Tendo como mestre e mentor o venerável sábio Lao Nai Haüan, que lhe possibilitou o acesso direto aos textos escritos em chinês arcaico, Richard Wilhelm pôde captar o significado vivo do texto original, outorgando à sua versão uma profundidade de perspectiva que nunca poderia provir de um conhecimento puramente acadêmico da filosofia chinesa.

Utilizado como oráculo desde a mais remota antiguidade, o *I Ching,* considerado o mais antigo livro chinês, é também o mais moderno, pela notável influência que vem exercendo, de uns anos para cá, na ciência, na psicologia e na literatura do Ocidente, devido não só ao fato de sua filosofia coincidir, de maneira assombrosa, com as concepções mais atuais do mundo, como também por sua função como instrumento na exploração do inconsciente individual e coletivo.

C. G. Jung, o grande psicólogo e psiquiatra suíço, autor do prefácio da edição inglesa, incluído nesta versão, e um dos principais responsáveis pelo ressurgimento do interesse do mundo ocidental pelo *I Ching,* resume da seguinte forma a atitude com a qual o leitor ocidental deve se aproximar deste *Livro dos Oráculos*:

"O I Ching não oferece provas nem resultados; não faz alarde de si nem é de fácil abordagem. Como se fora uma parte da natureza, espera até que o descubramos. Não oferece nem fatos nem poder, mas, para os amantes do autoconhecimento e da sabedoria — se é que existem —, parece ser o livro indicado. Para alguns, seu espírito parecerá tão claro como o dia; para outros, sombrio como o crespúsculo; para outros ainda, escuro como a noite. Aqueles a quem ele não agradar não têm por que usá-lo, e quem se opuser a ele não é obrigado a achá-lo verdadeiro. Deixem-no ir pelo mundo para benefício dos que forem capazes de discernir sua significação."

EDITORA PENSAMENTO

CHUANG TZU — ESCRITOS BÁSICOS

Chuang Tzu foi um pensador de vanguarda, representante da corrente taoísta do pensamento chinês. Usando parábolas e anedotas, alegorias e paradoxos, ele divulgou as idéias primitivas do que se transformaria, posteriormente, na Escola Taoísta. O ponto central dessa crença é que o homem só pode obter a verdadeira felicidade e ser realmente livre se for capaz de compreender o Tao — o Caminho da Natureza — e de permanecer em sua unidade.

A obra de Chuang Tzu não é considerada apenas pela sua profundidade filosófica; ela figura entre os mais preciosos textos da literatura chinesa. Para Chuang Tzu, os maiores bens da humanidade são a harmonia e a liberdade, que podem ser encontradas seguindo-se espontaneamente o fluxo da natureza.

Espirituoso e criativo, enriquecido com fantasias brilhantes, usando de modo brincalhão tanto os personagens mitológicos como os históricos — sem excetuar Confúcio — o livro que traz o nome de Chuang Tzu figura há séculos entre os livros preferidos pelos chineses.

Esta tradução, baseada na versão inglesa dos escritos básicos de Chuang Tzu, feita por Burton Watson, foi preparada originalmente para o programa de traduções dos clássicos orientais do "Columbia College".

EDITORA CULTRIX

A DOUTRINA DA FLOR DE OURO

Versão e comentários de

MOKUSEN MIYUKI

A Doutrina da Flor de Ouro é o único texto básico chinês para a prática da meditação taoísta até hoje traduzido para uma língua do Ocidente.

Esta edição, que transcreve a versão e os comentários do sábio taoísta moderno Mokusen Miyuki, reproduz o texto integral do original chinês, possibilitando pela primeira vez o acesso dos leitores ocidentais aos ensinamentos de sábios chineses como Lao-Tzu e Chuang-Tzu.

EDITORA PENSAMENTO